Caro aluno, seja bem-vindo à sua plataforma do conhecimento!

A partir de agora, está à sua disposição uma plataforma que reúne, em um só lugar, recursos educacionais digitais que complementam os livros impressos e foram desenvolvidos especialmente para auxiliar você em seus estudos. Veja como é fácil e rápido acessar os recursos deste projeto.

1 Faça a ativação dos códigos dos seus livros.

Se você NÃO tem cadastro na plataforma:
- acesse o endereço <login.smaprendizagem.com>;
- na parte inferior da tela, clique em "Registre-se" e depois no botão "Alunos";
- escolha o país;
- preencha o formulário com os dados do tutor, do aluno e de acesso.

O seu tutor receberá um *e-mail* para validação da conta. Atenção: sem essa validação, não é possível acessar a plataforma.

Se você JÁ tem cadastro na plataforma:
- em seu computador, acesse a plataforma pelo endereço <login.smaprendizagem.com>;
- em seguida, você visualizará os livros que já estão ativados em seu perfil. Clique no botão "Códigos ou licenças", insira o código abaixo e clique no botão "Validar".

Este é o seu código de ativação! → **DELM4-UDCBR-AHYRP**

2 Acesse os recursos

usando um computador.

No seu navegador de internet, digite o endereço <login.smaprendizagem.com> e acesse sua conta. Você visualizará todos os livros que tem cadastrados. Para escolher um livro, basta clicar na sua capa.

usando um dispositivo móvel.

Instale o aplicativo **SM Aprendizagem**, que está disponível gratuitamente na loja de aplicativos do dispositivo. Utilize o mesmo *login* e a mesma senha que você cadastrou na plataforma.

Importante! Não se esqueça de sempre cadastrar seus livros da SM em seu perfil. Assim, você garante a visualização dos seus conteúdos, seja no computador, seja no dispositivo móvel. Em caso de dúvida, entre em contato com nosso canal de atendimento pelo **telefone 0800 72 54876** ou pelo *e-mail* atendimento@grupo-sm.com.

BRA205198_5046

APRENDER JUNTOS

3 — 3º ANO

CIÊNCIAS

ENSINO FUNDAMENTAL

Organizadora: SM Educação
Obra coletiva concebida, desenvolvida e produzida por SM Educação.

São Paulo, 7ª edição, 2021

sm

Aprender Juntos Ciências 3
© SM Educação
Todos os direitos reservados

Direção editorial: Cláudia Carvalho Neves
Gerência editorial: Lia Monguilhott Bezerra
Gerência de *design* e produção: André Monteiro
Edição executiva: André Henrique Zamboni
Edição: Carolina Mancini Vall Bastos, Marcelo Augusto Barbosa Medeiros, Juliana Rodrigues F. de Souza, Sylene Del Carlo, Mauro Faro, Filipe Faria Berçot, Tomas Masatsugui Hirayama, Larissa da Silva Zattar, Lilian Morato de Carvalho Martinelli
Colaboração técnico-pedagógica: Barbara Kazue Amaral Onishi
Suporte editorial: Fernanda de Araújo Fortunato
Coordenação de preparação e revisão: Cláudia Rodrigues do Espírito Santo
Preparação: Ana Paula Migiyama, Andréa Vidal de Miranda, Helena Alves Costa, Rafael Masotti
Revisão: Ana Paula Migiyama, Fátima Valentina Cezare Pasculli, Maíra Cammarano
Apoio de equipe: Camila Lamin Lessa, Lívia Taioque
Coordenação de design: Gilciane Munhoz
Design: Thatiana Kalaes, Lissa Sakajiri
Coordenação de arte: Andressa Fiorio
Edição de arte: Vivian Dumelle
Assistência de arte: Selma Barbosa Celestino
Assistência de produção: Leslie Morais
Coordenação de iconografia: Josiane Laurentino
Pesquisa iconográfica: Adriana Neves
Tratamento de imagem: Marcelo Casaro
Capa: APIS Design
Ilustração da capa: Henrique Mantovani Petrus
Projeto gráfico: APIS Design
Editoração eletrônica: Estúdio Anexo
Cartografia: João Miguel A. Moreira
Pre-impressão: Américo Jesus
Fabricação: Alexander Maeda
Impressão: PifferPrint

Elaboração de originais

Carolina Mancini Vall Bastos
Bacharela e licenciada em Ciências Biológicas pelo Instituto de Biociências (IB) da Universidade de São Paulo (USP). Doutora em Ciências, área de concentração Genética e Evolução, pelo IB–USP. Editora e elaboradora de conteúdo para livros didáticos.

Juliana Rodrigues Ferreira de Souza
Licenciada em Química pelo Instituto de Química (IQ) da Universidade de São Paulo (USP). Editora e elaboradora de conteúdo para livros didáticos.

Marcelo Augusto Barbosa Medeiros
Licenciado em Física pelo Instituto de Física (IF) da Universidade de São Paulo (USP). Editor e elaborador de conteúdo para livros didáticos.

Em respeito ao meio ambiente, as folhas deste livro foram produzidas com fibras obtidas de árvores de florestas plantadas, com origem certificada.

Dados Internacionais de Catalogação na Publicação (CIP)
(Câmara Brasileira do Livro, SP, Brasil)

Aprender juntos ciências, 3º ano : ensino fundamental / organizadora SM Educação ; obra coletiva concebida, desenvolvida e produzida por SM Educação. — 7. ed. — São Paulo : Edições SM, 2021. — (Aprender juntos)

ISBN 978-65-5744-261-6 (aluno)
ISBN 978-65-5744-291-3 (professor)

1. Ciências (Ensino fundamental) I. Série.

21-66583   CDD-372.35

Índices para catálogo sistemático:

1. Ciências : Ensino fundamental 372.35

Cibele Maria Dias — Bibliotecária — CRB-8/9427

7ª edição, 2021
2ª impressão, janeiro 2023

SM Educação
Rua Cenno Sbrighi, 25 – Edifício West Tower n. 45 – 1º andar
Água Branca 05036-010 São Paulo SP Brasil
Tel. 11 2111-7400
atendimento@grupo-sm.com
www.grupo-sm.com/br

Apresentação

Caro aluno, cara aluna,

Este livro foi cuidadosamente pensado para ajudá-lo(a) a construir uma aprendizagem sólida e cheia de significados, que lhe seja útil não somente hoje, mas também no futuro. Nele, você vai encontrar estímulos para criar, expressar ideias e pensamentos, refletir sobre o que aprende, trocar experiências e conhecimentos.

Os temas, os textos, as imagens e as atividades propostos neste livro oferecem oportunidades para que você se desenvolva como estudante e como cidadão ou cidadã, cultivando valores universais como responsabilidade, respeito, solidariedade, liberdade e justiça.

Acreditamos que atitudes positivas e construtivas ajudam a conquistar autonomia e capacidade para tomar decisões acertadas, resolver problemas e superar conflitos.

Esperamos que este material didático contribua para o seu desenvolvimento e a sua formação.

Equipe editorial

Conheça seu livro

Conhecer seu livro didático vai ajudar você a aproveitar melhor as oportunidades de aprendizagem que ele oferece.

Este volume contém doze capítulos.

Veja como seu livro está organizado.

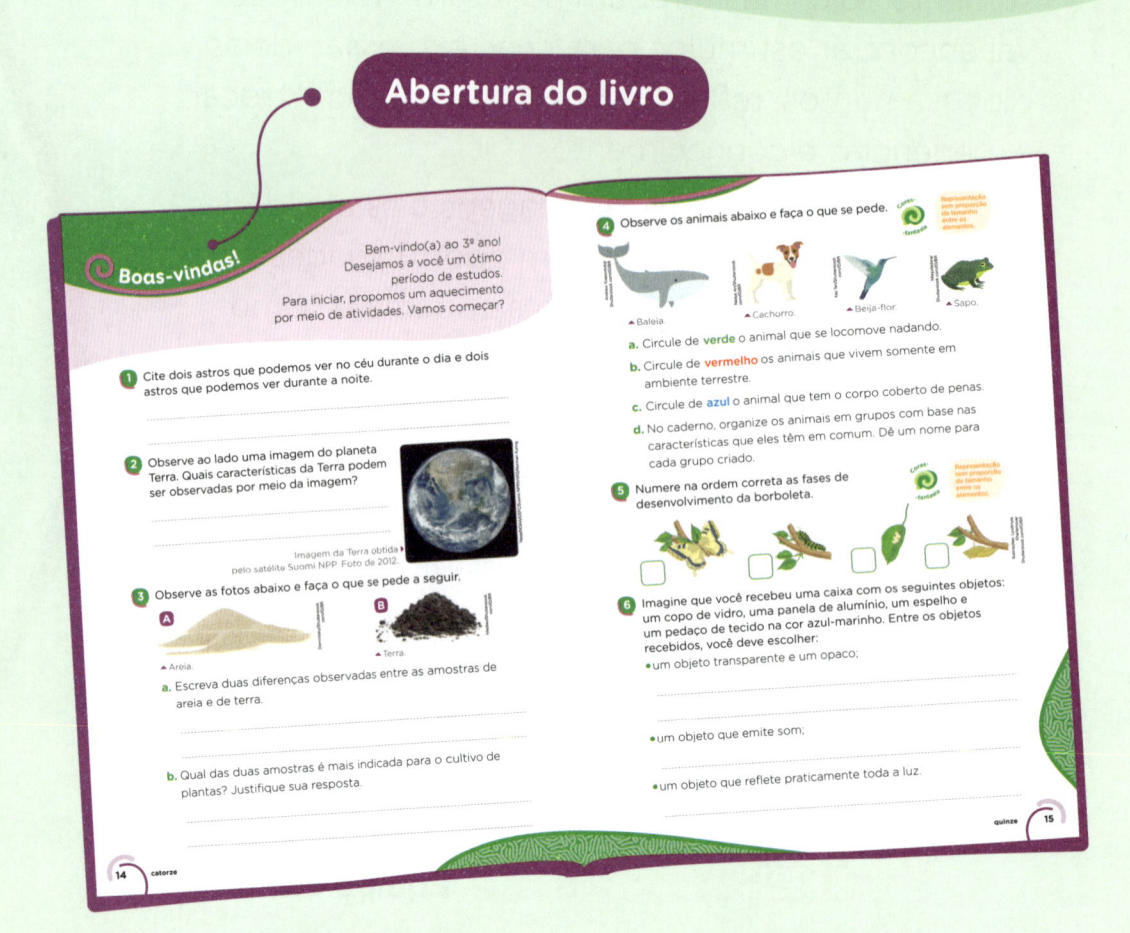

Abertura do livro

Boas-vindas!
As atividades que abrem o livro são uma oportunidade para você colocar em prática o que já sabe, antes de iniciar os estudos do ano.

Abertura de capítulo

Essas páginas marcam o início de um capítulo.
Textos, imagens variadas e atividades vão fazer você refletir e conversar previamente sobre os temas que serão desenvolvidos ao longo do capítulo.

Desenvolvimento do assunto

Os textos, as imagens e as atividades destas páginas permitirão a você compreender o conteúdo que está sendo apresentado.

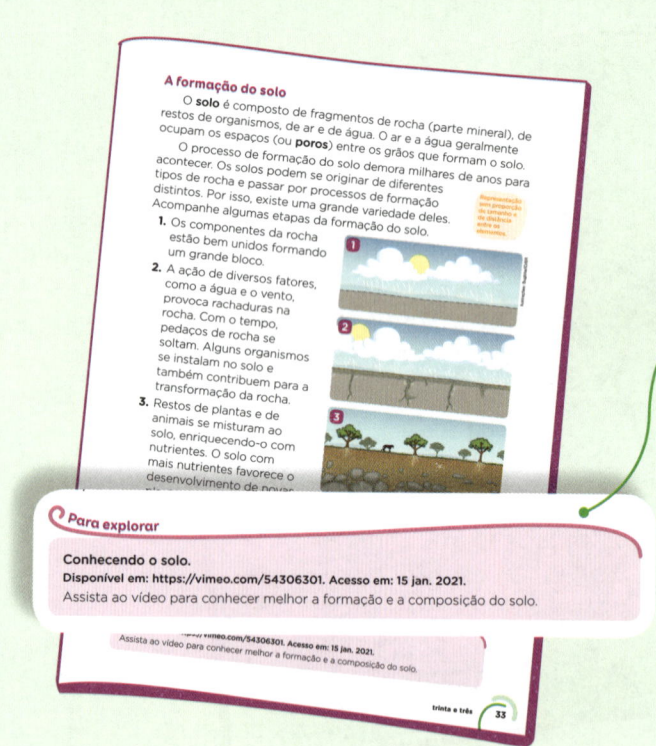

Para explorar

As sugestões de *sites* e de livros permitem explorar e aprofundar os conhecimentos relacionados aos temas estudados.

Na prática

Essa seção inclui atividades práticas que estimulam a observação, a experimentação e a investigação de fenômenos e o levantamento de suposições.

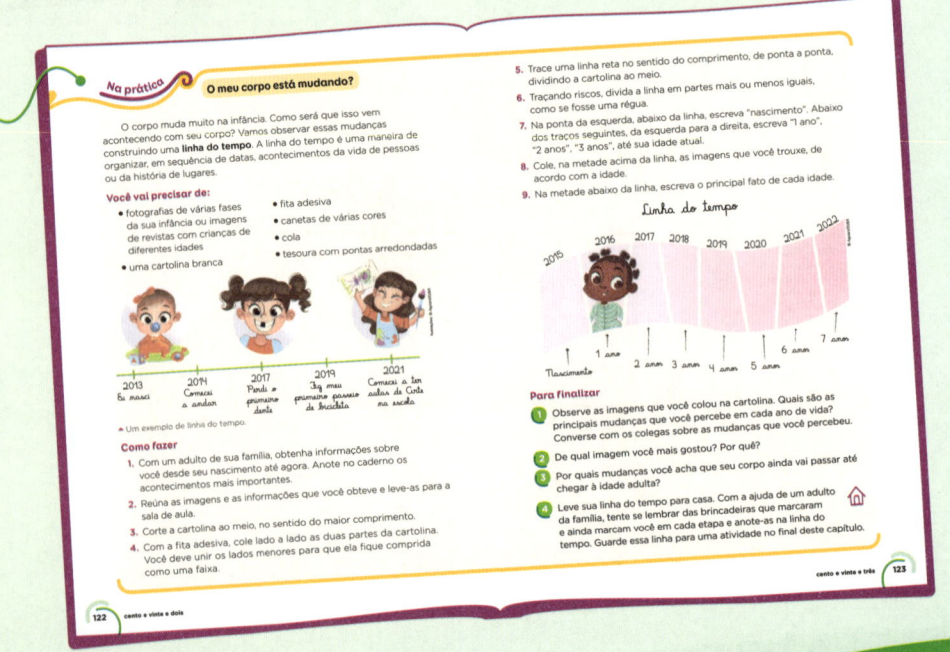

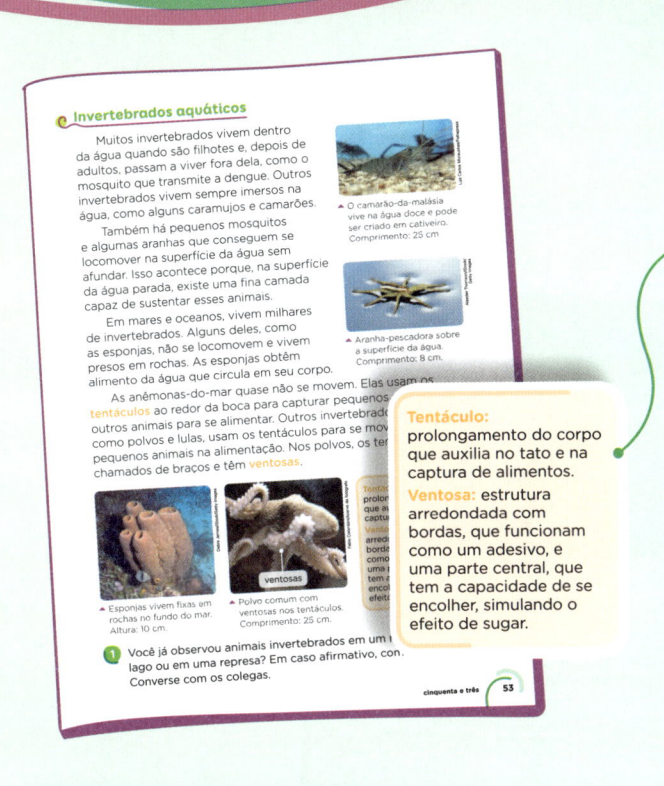

Glossário

Ao longo do livro, você vai encontrar uma breve explicação de algumas palavras e expressões que talvez não conheça.

Finalizando o capítulo

No fim dos capítulos, há seções que buscam ampliar seus conhecimentos sobre a leitura de imagens, a diversidade cultural e os conteúdos abordados no capítulo.

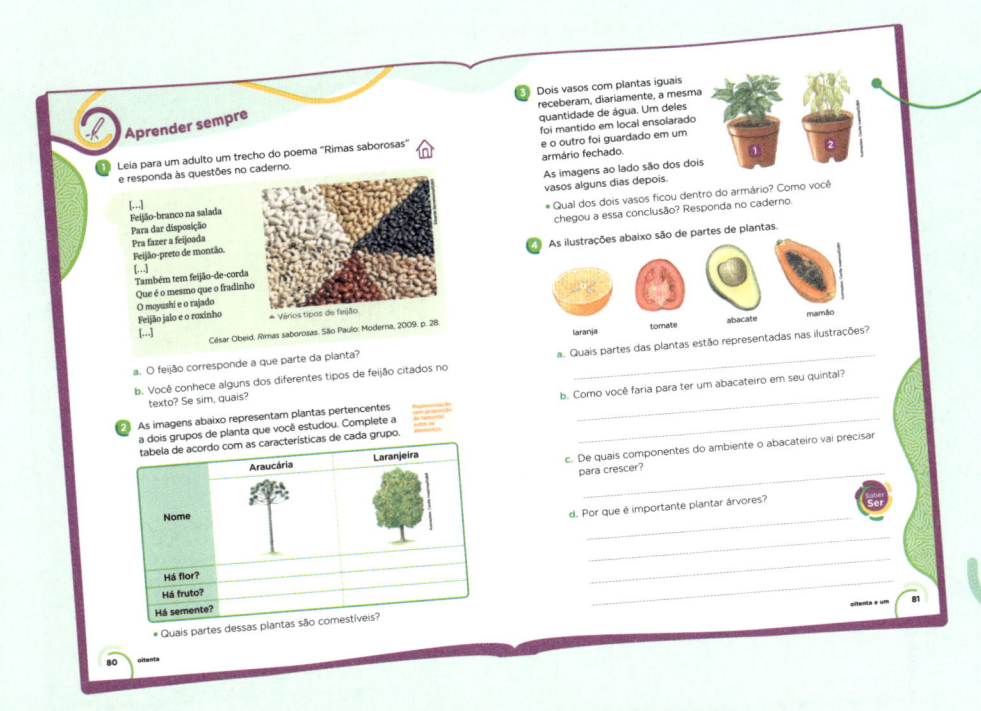

As atividades da seção **Aprender sempre** são uma oportunidade para você verificar o que aprendeu, analisar os assuntos estudados em cada capítulo e refletir sobre eles.

sete 7

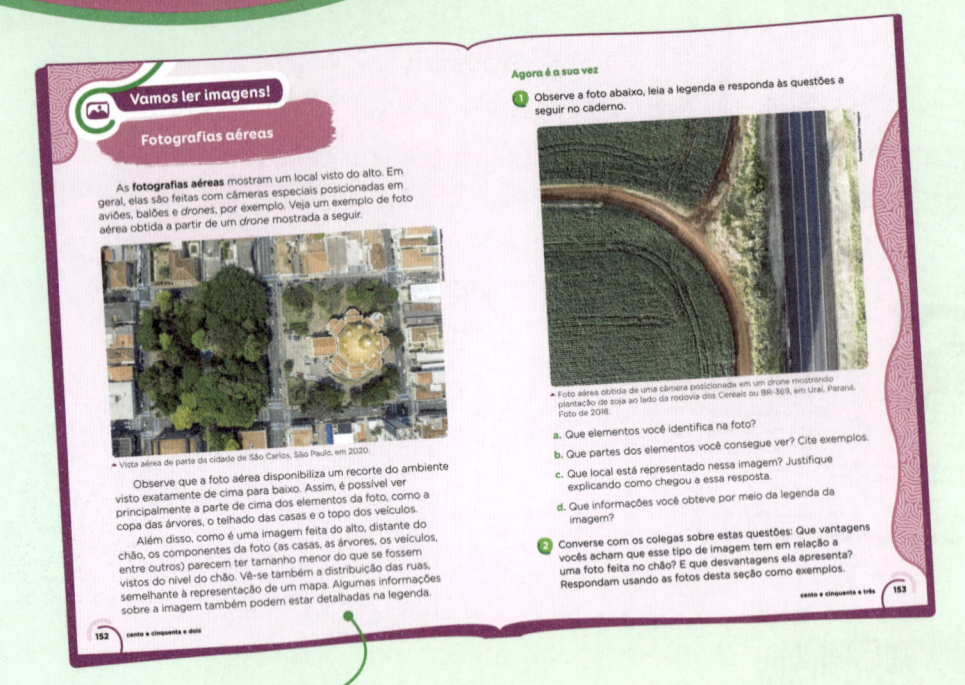

A seção **Vamos ler imagens!** propõe a análise de uma ou mais imagens e é acompanhada de atividades que ajudarão você a compreender diferentes tipos de imagem.

Na seção **Pessoas e lugares**, você vai aprender sobre características culturais de diferentes comunidades e ampliar seu conhecimento sobre lugares do Brasil.

Finalizando o livro

Até breve!
No final do livro, você vai resolver atividades sobre os conteúdos estudados no decorrer do ano e verificar o quanto aprendeu.

Material complementar

No final do livro, você vai encontrar material complementar para usar em algumas atividades.

Ícones usados nos livros

Cores-fantasia

Para casa
Sinaliza atividades sugeridas para serem realizadas em casa.

Representação sem proporção de tamanho e/ou de distância entre os elementos.

Saber ser
Sinaliza momentos propícios para professor e alunos refletirem sobre questões relacionadas a competências socioemocionais.

nove 9

Sumário

Boas-vindas! • 14

CAPÍTULO 1 — O Sistema Solar • 16

Os planetas do Sistema Solar • 18

Outros astros do Sistema Solar • 20
Cometas e meteoroides • 20
Os planetas-anões • 20

As constelações • 21
Uma breve história das constelações • 21

Na prática
Olhando os astros no céu • 22

O céu diurno visto da Terra • 24
Astros vistos de dia • 24

O céu noturno visto da Terra • 25
Astros vistos à noite • 25

Aprender sempre • 26

CAPÍTULO 2 — Como é a Terra • 28

A Terra por dentro e por fora • 30
A superfície da Terra • 30
O interior do planeta • 31

Rochas e solos • 32
A formação do solo • 33

Na prática
Características dos solos • 34
A importância do solo para os seres vivos • 35
Impactos das atividades humanas nos solos • 35

Vamos ler imagens!
As funções do solo representadas em um infográfico • 36

Aprender sempre • 38

CAPÍTULO 3 — Animais vertebrados • 40

O corpo dos animais vertebrados • 42

Os grupos de animais vertebrados • 43
Peixes • 43
Anfíbios • 43
Répteis • 44
Aves • 44
Mamíferos • 45

Pessoas e lugares
Museu de Zoologia: pesquisar, aprender e se divertir • 46

Aprender sempre • 48

CAPÍTULO 4 — Animais invertebrados 50

Invertebrados terrestres • 52
  Insetos sociais • 52
Invertebrados aquáticos • 53
Na prática
  Como é possível andar sobre a água? • 54
Os invertebrados e os outros seres vivos • 55
Aprender sempre • 56

CAPÍTULO 5 — A reprodução dos animais 58

Como os animais se reproduzem • 60
  Reprodução com macho e fêmea • 60
  Reprodução sem parceiro • 60
Como os animais nascem • 61
  Animais que nascem do corpo da fêmea • 61
  Animais que nascem de ovos • 62
O desenvolvimento dos animais • 64
  Metamorfose • 64
Vamos ler imagens!
  Aedes aegypti na mira do microscópio de luz • 66
Aprender sempre • 68

CAPÍTULO 6 — As plantas 70

O ciclo de vida das plantas • 72
Na prática
  Germinação do feijão e do alpiste • 73
Os grupos de plantas • 75
  Plantas sem sementes • 75
  Plantas com sementes • 75
A vida das plantas • 77
  A fotossíntese • 77
  A respiração • 78
  A transpiração • 79
Aprender sempre • 80

onze 11

CAPÍTULO 7 — As plantas se reproduzem — 82

A reprodução das plantas • 84
Reprodução sem sementes • 85
Na prática
Brotar batatas em garrafas • 86
Reprodução com sementes • 88
Partes da flor • 88
Polinização • 89
Como as sementes se espalham • 90
Surgimento de uma nova planta • 91
Pessoas e lugares
Alimento e cura: pecuaristas familiares e as plantas • 92
Aprender sempre • 94

CAPÍTULO 8 — A importância das plantas — 96

As plantas produzem alimento • 98
As plantas fornecem materiais e abrigo • 99
O uso das plantas pelos seres humanos • 101
Plantas cultivadas • 101
Plantas coletadas • 101
Os deliciosos vegetais • 101
Os tecidos que vestimos • 102
Madeira para construir • 102
O uso do papel no dia a dia • 103
Pessoas e lugares
Os brinquedos de Abaetetuba • 104
Aprender sempre • 106

CAPÍTULO 9 — O corpo humano — 108

Partes do corpo humano • 110
Alguns órgãos internos • 110
Examinando o corpo humano por dentro • 112
O revestimento do corpo humano • 113
Funções da pele • 113
Cuidados com a pele • 114
Anexos da pele • 115
Aprender sempre • 116

CAPÍTULO 10 — O corpo muda com o tempo • 118

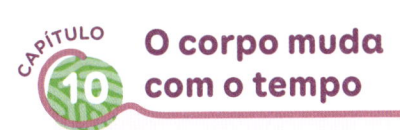

As fases da vida • 120
Antes do nascimento • 121

Na prática
O meu corpo está mudando? • 122

O tempo passa para todos os animais • 124
Como os animais mudam • 124

Vamos ler imagens!
Pictogramas • 126

Aprender sempre • 128

CAPÍTULO 11 — Os materiais que nos cercam • 130

Tipos de material • 132
Materiais do dia a dia • 133
  Argila • 133
  Metais • 134
  Vidro • 134
  Plástico • 135

Na prática
O som dos objetos • 136

Os materiais e a água • 137
Os materiais e a luz • 138

Na prática
A luz e os objetos • 139

Pessoas e lugares
A cerâmica da serra da Capivara • 140

Aprender sempre • 142

CAPÍTULO 12 — Invenções • 144

De onde vêm as invenções? • 146
As invenções que usamos no dia a dia • 147
  As invenções e a alimentação • 147
  As invenções e a comunicação • 148
  As invenções e os meios de transporte • 149
  As invenções e a energia elétrica • 150

Modos de produção • 151
  A produção artesanal • 151
  A produção industrial • 151

Vamos ler imagens!
Fotografias aéreas • 152

Aprender sempre • 154

- Até breve! • 156
- Sugestões de leitura • 158
- Bibliografia comentada • 160
- Material complementar • 161

Ilustrações: Fabio Eugenio/ID/BR

Boas-vindas!

Bem-vindo(a) ao 3º ano! Desejamos a você um ótimo período de estudos.
Para iniciar, propomos um aquecimento por meio de atividades. Vamos começar?

1 Cite dois astros que podemos ver no céu durante o dia e dois astros que podemos ver durante a noite.

_____

_____

2 Observe ao lado uma imagem do planeta Terra. Quais características da Terra podem ser observadas por meio da imagem?

_____

_____

▶ Imagem da Terra obtida pelo satélite Suomi NPP. Foto de 2012.

3 Observe as fotos abaixo e faça o que se pede a seguir.

A
▲ Areia.

B
▲ Terra.

a. Escreva duas diferenças observadas entre as amostras de areia e de terra.

_____

_____

b. Qual das duas amostras é mais indicada para o cultivo de plantas? Justifique sua resposta.

_____

_____

14 catorze

4. Observe os animais abaixo e faça o que se pede.

Representação sem proporção de tamanho entre os elementos.

▲ Baleia.   ▲ Cachorro.   ▲ Beija-flor.   ▲ Sapo.

a. Circule de **verde** o animal que se locomove nadando.

b. Circule de **vermelho** os animais que vivem somente em ambiente terrestre.

c. Circule de **azul** o animal que tem o corpo coberto de penas.

d. No caderno, organize os animais em grupos com base nas características que eles têm em comum. Dê um nome para cada grupo criado.

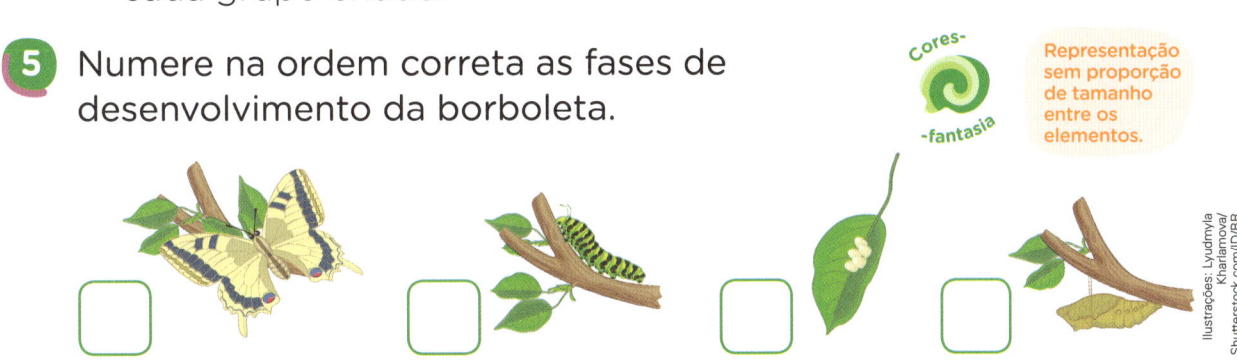

5. Numere na ordem correta as fases de desenvolvimento da borboleta.

Representação sem proporção de tamanho entre os elementos.

6. Imagine que você recebeu uma caixa com os seguintes objetos: um copo de vidro, uma panela de alumínio, um espelho e um pedaço de tecido na cor azul-marinho. Entre os objetos recebidos, você deve escolher:

- um objeto transparente e um opaco;

_____

_____

- um objeto que emite som;

_____

- um objeto que reflete praticamente toda a luz.

_____

quinze 15

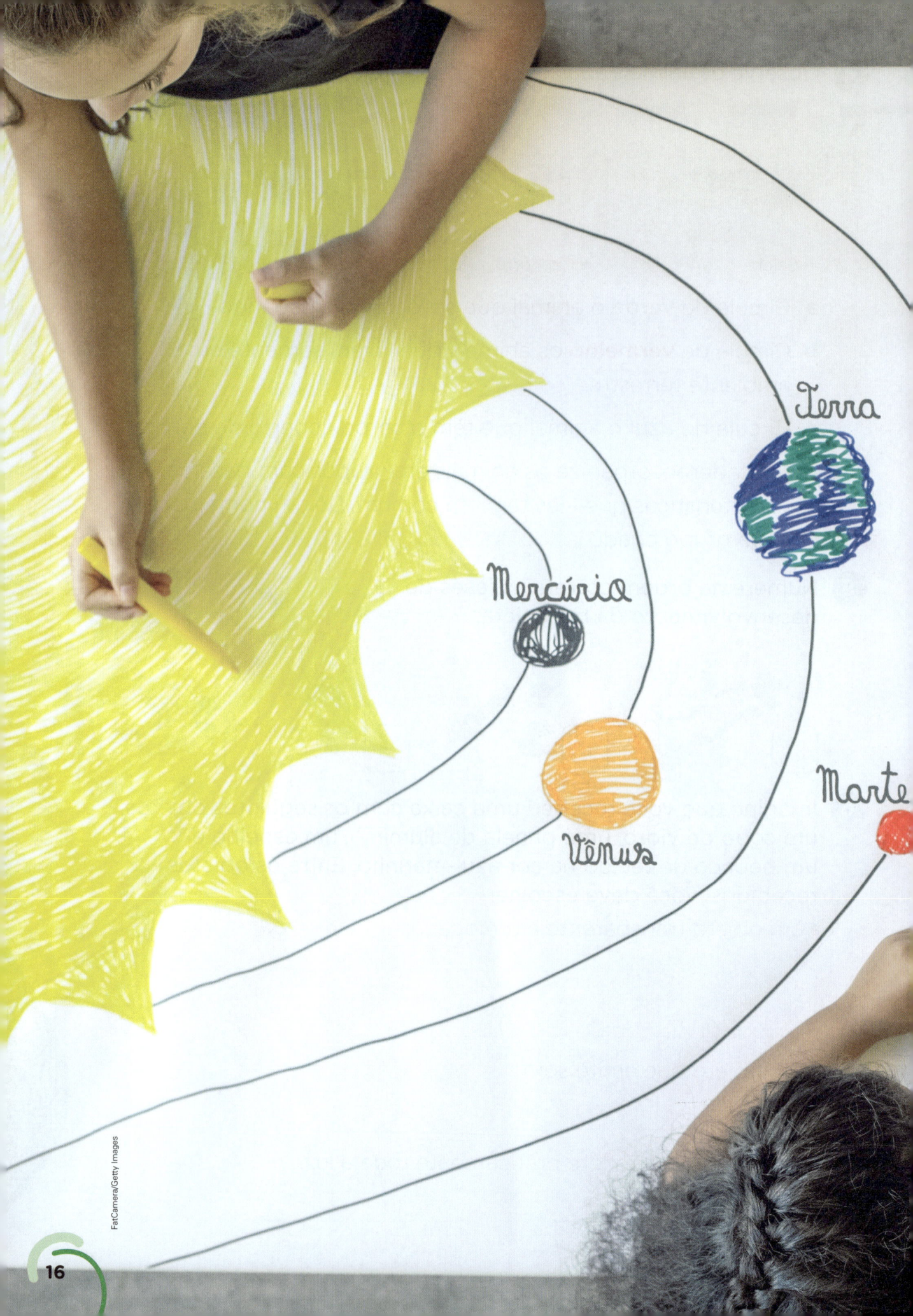

16

CAPÍTULO 1

O Sistema Solar

Durante muitos séculos, os seres humanos podiam apenas imaginar como era o céu e provavelmente se perguntar: Por que as estrelas não caem? Por que o dia e a noite existem? Para onde vai o Sol quando anoitece?

Mas onde fica a Terra? Que astros existem próximos a ela? Agora você vai conhecer mais sobre o Sistema Solar.

Para começo de conversa

1. Observe a foto ao lado. Quais astros você conhece? Cite características da Terra que ajudaram você a reconhecê-la.

2. Você costuma observar o céu? No caderno, faça dois desenhos, um do céu diurno e outro do céu noturno, indicando os astros que são vistos de dia e os que são vistos à noite.

3. A curiosidade é importante para um cientista? Ela já ajudou você a descobrir algo novo? Comente.

Saber Ser

◀ A Terra é o terceiro planeta mais próximo do Sol entre os oito planetas do Sistema Solar.

Os planetas do Sistema Solar

O Sistema Solar é formado por uma estrela (o Sol) e pelos astros a seu redor. Planetas, satélites, cometas, asteroides e meteoroides são astros que compõem esse sistema. Eles são todos menores que o Sol.

Oito planetas fazem parte do Sistema Solar: Mercúrio, Vênus, Terra, Marte, Júpiter, Saturno, Urano e Netuno, na ordem do mais próximo ao mais distante do Sol. Observe, na imagem abaixo, a posição aproximada dos planetas no Sistema Solar.

Cores-fantasia

Representação sem proporção de tamanho e de distância entre os elementos.

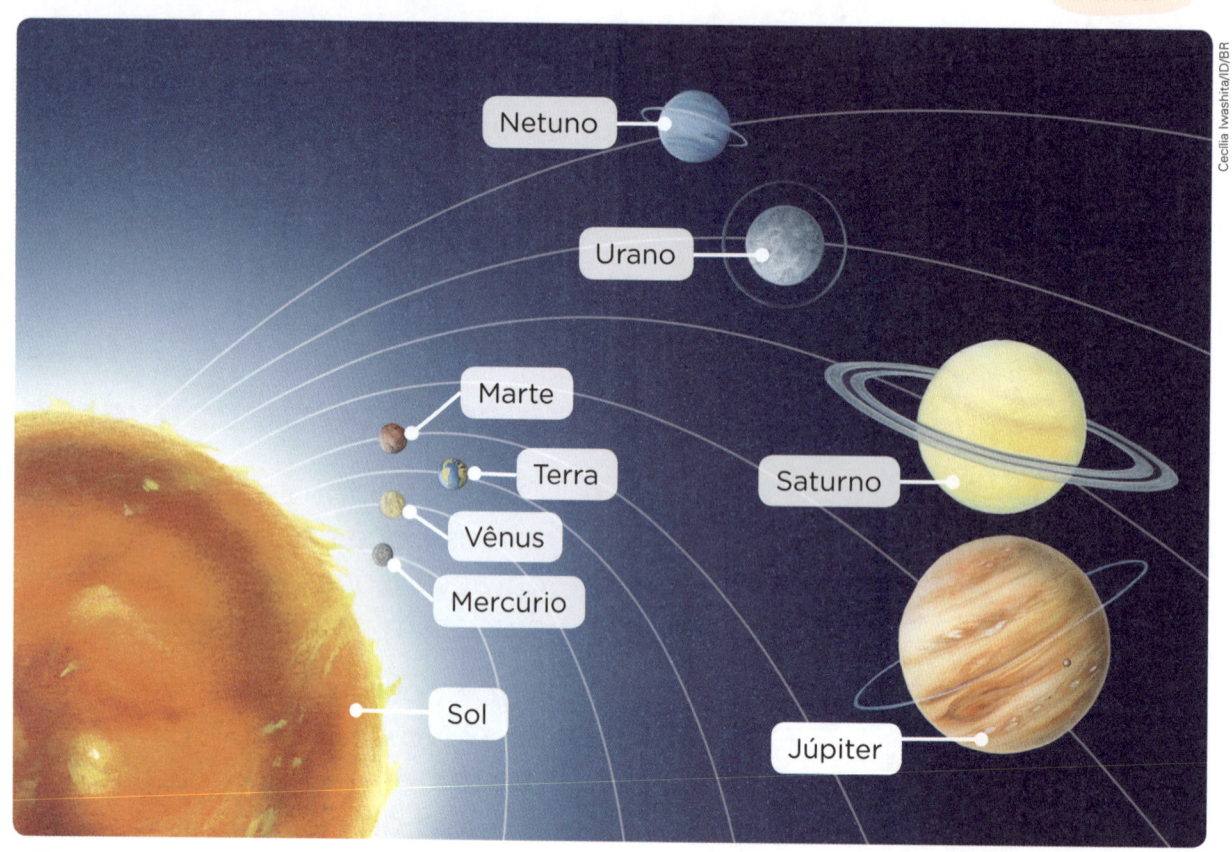

▲ Representação do Sol e dos planetas do Sistema Solar. As linhas são imaginárias e servem para indicar a órbita dos planetas, isto é, a trajetória que cada um deles faz em torno do Sol.
Fonte de pesquisa: Nasa. Disponível em: https://solarsystem.nasa.gov/. Acesso em: 15 jan. 2021.

Mercúrio, Vênus, Terra e Marte são formados, em grande parte, por rochas; por isso, são chamados de **planetas rochosos**. Júpiter, Saturno, Urano e Netuno são chamados de **planetas gasosos** porque são formados principalmente por gases. Eles são muito maiores que a Terra e apresentam anéis constituídos de pedaços de gelo e de rocha.

Mercúrio é o planeta mais próximo do Sol e o menor do Sistema Solar. Nesse planeta, a temperatura varia muito. **Vênus** tem quase o mesmo tamanho da Terra e é o planeta mais quente do Sistema Solar. É envolto por muitos gases, o que faz com que brilhe quando recebe luz do Sol. A **Terra** é o único planeta em que, até onde sabemos, existe vida tal como a conhecemos. A superfície da Terra é parcialmente coberta de água líquida. **Marte** é menor que a Terra e é coberto de rochas e areia.

Júpiter é o maior planeta do Sistema Solar. Dentro dele caberiam cerca de 1300 planetas Terra. A seu redor, existem finos anéis. **Saturno** é o segundo maior planeta do Sistema Solar e famoso por seus anéis formados por poeira e pedaços de rocha e de gelo. **Urano** é o terceiro maior planeta do Sistema Solar e tem coloração azul-esverdeada e anéis finos. **Netuno** é o planeta mais distante do Sol. Tem coloração azul, anéis muito finos e nele ocorrem os ventos mais fortes de todo o Sistema Solar.

▲ Planeta Mercúrio. Imagem obtida pela missão Mariner 10 em 1975.

▲ Planeta Vênus. Imagem obtida pela sonda espacial Pioneer em 1979.

▲ Planeta Terra. Imagem obtida pela missão Apollo 17 em 1972.

▲ Planeta Marte. Imagem obtida pelo telescópio Hubble em 1997.

▲ Planeta Júpiter. Imagem obtida pela sonda espacial Cassini em 2000.

▲ Planeta Saturno. Imagem obtida pela sonda Voyager 2 em 1981.

▲ Planeta Urano. Imagem obtida pela sonda espacial Voyager 2 em 1986.

▲ Planeta Netuno. Imagem obtida pela sonda Voyager 2 em 1989.

Outros astros do Sistema Solar

Além dos planetas e do Sol, outros astros fazem parte do Sistema Solar. Vamos conhecer alguns deles a seguir.

Cometas e meteoroides

Cometas são corpos formados por rocha e gelo. Quando passam mais próximos do Sol, o gelo e a poeira das rochas viram vapor e se desprendem do cometa, formando um rastro. A luz do Sol é refletida nesse rastro e, por isso, vemos o que chamamos de cauda do cometa.

Os **asteroides** e os **meteoroides** são grandes rochas. Se forem muito grandes são asteroides; se forem menores, são meteoroides. À medida que os meteoroides se aproximam da Terra, eles "pegam fogo", ao passar pela atmosfera, e podem produzir o efeito luminoso de um rastro brilhante no céu. Esse rastro é conhecido como meteoro.

▲ Os cometas brilham ao se aproximarem do Sol. Na foto, cometa Neowise passando pelo Canadá em 2020.

Os planetas-anões

O Sistema Solar contém ainda cinco planetas-anões, com massa muito menor que a dos planetas. Eles também giram ao redor do Sol, mas, diferentemente dos planetas, podem encontrar outros astros em sua órbita.

Até o ano de 2006, os astrônomos consideravam Plutão um planeta. Atualmente, ele é classificado como um planeta-anão.

▲ Imagem de Plutão obtida pela sonda espacial New Horizons.

1 O Sistema Solar se organiza ao redor de qual astro? Responda no caderno.

Para explorar

Almanaque dos astros, de Rosane Pamplona. Editora Moderna.
O livro traz uma maneira divertida de conhecer melhor os astros do Universo, elementos tão distantes e ao mesmo tempo fascinantes.

As constelações

Na astronomia, uma constelação é uma região do céu noturno. Nessa região, há astros celestes, como as estrelas. Muitas dessas estrelas podem ser identificadas pela intensidade de seu brilho.

Observe um exemplo nas imagens abaixo.

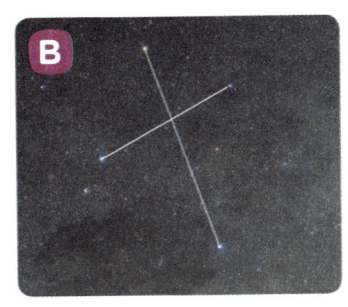

◀ A imagem **A** mostra a constelação do Cruzeiro do Sul como é vista no céu. Na imagem **B**, foram incluídas linhas imaginárias para mostrar que ela forma o desenho de uma cruz. Além disso, a estrela da extremidade inferior aponta sempre para o sul.

Uma breve história das constelações

Pelo menos cinquenta constelações foram mapeadas na Grécia e Roma antigas e no Oriente Médio, há muitos **séculos**.

No século 2, o astrônomo grego Cláudio Ptolomeu (que viveu entre 127 e 145 depois de Cristo) catalogou 48 constelações. Ele se baseou nos trabalhos do também grego Eudóxio de Cnido (que viveu entre 408 e 355 antes de Cristo).

Muitas das constelações do **hemisfério Sul** foram mapeadas somente quando os navegadores europeus começaram a explorar o que havia abaixo da **linha do Equador**, no século 17.

O mapeamento das 88 constelações tal como são conhecidas atualmente foi definido pela União Astronômica Internacional (UAI) em 1929, já no século 20. Desse total, 52 delas estão no hemisfério Sul e podem ser vistas do Brasil.

Século: um século é um período de cem anos.

Hemisfério Sul: é a metade da esfera do planeta Terra que está localizada entre a linha do Equador e o polo Sul.

Linha do Equador: linha imaginária que divide o globo terrestre em duas metades iguais. No Brasil, a linha do Equador "corta" os estados do Pará, de Roraima, do Amazonas e do Amapá.

Para explorar

Céu da semana. Laboratório Aberto de Interatividade da Universidade Federal de São Carlos.
Disponível em: http://www.labi.ufscar.br/2016/06/18/ceu-da-semana/. Acesso em: 14 jan. 2021.

Esse *site* disponibiliza vídeos com dicas sobre como observar o céu, destacando as constelações mais visíveis no período.

Na prática

Olhando os astros no céu

Que astros podem ser vistos no céu a olho nu, ou seja, sem a ajuda de nenhum instrumento de ampliação? Isso varia dependendo do horário da observação? Vamos verificar essas questões fazendo a atividade a seguir.

Você vai precisar de:

- nenhum material

Como fazer

1. Com a ajuda de um adulto, determine em que direção o Sol nasce (leste) e onde ele se põe (oeste) tendo como referência sua casa.

2. Com a ajuda do professor, determine onde o Sol se põe tendo como referência um local de observação na escola previamente escolhido pela turma.

3. Agora, observe o céu durante o dia para tentar visualizar o planeta Vênus. Ele pode aparecer em dois períodos: logo pela manhã, pouco antes de o Sol nascer, ou ao entardecer, mas nunca duas vezes no mesmo dia.

4. Em um dia escolhido, acorde um pouco antes de o Sol nascer e olhe para o leste. Procure um ponto bem brilhante: Vênus é o terceiro ponto mais brilhante no céu, depois do Sol e da Lua. Anote no caderno a data, a hora e o que você observou.

5. Se você não encontrou nenhum ponto muito brilhante ao realizar o passo **4**, observe o céu logo à tarde nesse mesmo dia, pouco depois de o Sol se pôr, em casa ou na escola. Vênus se põe um pouco depois do Sol, a oeste, e é visto como um ponto muito brilhante no céu. Registre novamente a data e o que você observou.

6. Repita os passos **4** e **5** em outras duas semanas diferentes. Anote novamente a data, a hora e o que você observou.

7. Depois, observe o céu durante o dia para tentar visualizar a Lua. Ela pode aparecer no céu diurno em alguns períodos do mês: durante as fases quarto minguante (quando nasce à meia-noite e se põe ao

meio-dia) e quarto crescente (quando nasce ao meio-dia e se põe à meia-noite). Com a ajuda do professor, escolha uma semana em que a Lua esteja em alguma dessas duas fases.

8. Escolha um dia e observe o céu diurno para tentar visualizar a Lua nos seguintes períodos: entre 6 e 8 horas da manhã e entre 4 e 6 horas da tarde. Registre no caderno a data, a hora e o que você observou. Se possível, desenhe o aspecto da Lua no céu.

9. Por fim, escolha um dia para observar o céu noturno, na companhia de um adulto, de preferência após as 9 horas da noite. Registre no caderno o horário, a data e o que você observou.

10. Repita o passo **8** em uma semana diferente.

Para finalizar

1. Em qual dos quatro períodos do dia você mais gostou de observar o céu? Por quê? Converse com os colegas e o professor.

2. Você notou alguma diferença no céu nos diferentes períodos de observação? Se sim, qual (ou quais)? Responda no caderno.

3. Que astros você pôde ver, a olho nu, durante o dia? E durante a noite?

4. Os pontos brilhantes que você viu durante a noite eram todos do mesmo tipo de astro? Se não eram, como você os diferenciou? Responda no caderno.

5. Com base nas observações que você fez, desenhe, em uma folha de papel avulsa, o céu diurno e o céu noturno.

Para explorar

Instituto de Astronomia, Geofísica e Ciências Atmosféricas da Universidade de São Paulo.
Disponível em: http://www.iag.usp.br/astronomia/nascer-e-ocaso-do-sol. Acesso em: 9 mar. 2021.
Nessa página da internet, é possível consultar os horários do nascer e do pôr do Sol em cada dia do ano.

O céu diurno visto da Terra

No período do dia, o Sol aparece no céu e ilumina e aquece a superfície de parte da Terra.

O período do dia vai do momento em que o Sol nasce até quando ele se põe no céu.

Se olharmos para o céu durante o dia, poderemos ver a predominância da cor azul, nuvens esbranquiçadas, pássaros e alguns indícios de atividade humana, como pipas, aviões e balões.

▲ Céu diurno com nuvens e uma pipa.

Astros vistos de dia

São poucos os astros que podem ser vistos no céu diurno, a olho nu, porque a luz do Sol os **ofusca**.

Perto do momento em que o Sol se põe, antes de escurecer, ou também quando está amanhecendo, é possível, às vezes, ver a Lua no céu. Com menos nitidez, podemos enxergar o planeta Vênus, também chamado de estrela-d'alva ou estrela da manhã.

Ofuscar: tornar algo menos visível.

Atenção!

A luz do Sol é muito intensa. Nunca olhe diretamente para o Sol sem usar filtros especiais profissionais para diminuir a intensidade de sua luz. Você pode machucar seriamente os olhos.

▲ Nascer do sol em uma plantação em Santa Mariana, Paraná. Foto de 2020.

1 Retome os resultados obtidos na atividade das páginas 22 e 23 referentes à observação do céu diurno. O que há de semelhante e de diferente entre o que você registrou e o que é descrito nesta página? Converse com os colegas.

O céu noturno visto da Terra

No período da noite, o Sol não é visto no céu da Terra. A noite vai do momento em que o Sol se põe até quando ele nasce no horizonte.

Quando olhamos para o céu durante a noite, podemos ver a predominância de cores escuras, algumas nuvens (que podem deixar a cor escura do céu com aspecto leitoso) e, às vezes, as luzes coloridas dos aviões que estão em pleno voo (elas piscam e se movem rapidamente).

▲ Céu noturno visto em área rural de Teodoro Sampaio, São Paulo. Foto de 2018.

Astros vistos à noite

Em geral, à medida que o Sol se põe, a Lua se destaca no céu noturno.

Quanto mais escuro e com menos nuvens o céu estiver, mais fácil será visualizar diversos pontos brilhantes. A maioria deles são estrelas. O brilho das estrelas não é fixo: elas cintilam, ou seja, piscam. As estrelas variam de cor, brilho e tamanho.

Cometas e meteoros podem ser vistos mais raramente, riscando o céu. A olho nu, podemos também ver cinco planetas do Sistema Solar:

▲ Céu noturno, em que a Lua e os planetas Júpiter e Vênus estão visíveis. Tailândia. Foto de 2019.

Mercúrio, Vênus, Marte, Júpiter e Saturno. Eles aparecem como pequenos pontos luminosos no céu, semelhantes a estrelas. Embora não produzam luz, os planetas brilham porque são iluminados pelo Sol. O mais brilhante deles é Vênus. O brilho dos planetas é fixo, ou seja, eles não cintilam.

1. Retome os resultados obtidos na atividade das páginas 22 e 23 referentes à observação do céu noturno. O que há de semelhante e de diferente entre o que você registrou e o que é descrito nesta página? Converse com os colegas.

Aprender sempre

1 Os versos abaixo fazem parte da letra da canção "Luar do sertão". Leia os versos da canção em voz alta para um adulto da sua casa.

> Oh! Que saudade do luar da minha terra
> Lá na serra branquejando folhas secas pelo chão
> Este luar cá da cidade, tão escuro
> Não tem aquela saudade do luar lá do sertão.
> [...]
>
> Catulo da Paixão Cearense e João Pernambuco. Luar do sertão. Intérprete: Luiz Gonzaga. Em: *A festa*. São Paulo: RCA, 1981. 1 LP. Faixa 1.

Branquejar: tornar branco.

- Como você explica a diferença entre o luar do sertão e o luar da cidade? Registre no caderno.

2 Pedro e Isabela colecionam figurinhas do Sistema Solar. Leia em voz alta, com um colega, o diálogo entre eles.

Pedro: Vamos trocar? Eu dou a você uma figurinha do planeta vermelho e você me dá uma do planeta mais quente.

Isabela: Só se você me der uma do astro que é ★★ e uma do planeta que é ★★★.

a. Pedro está se referindo a quais planetas?

_____

b. Sabendo que Isabela se referia ao Sol e a Júpiter, quais características ela pode ter usado para descrevê-los?

_____

_____

_____

3 A professora pediu aos alunos que fizessem um modelo do Sistema Solar. Um deles escolheu objetos e partes de planta para representar os astros e os colocou na posição que ocupam em relação ao Sol.

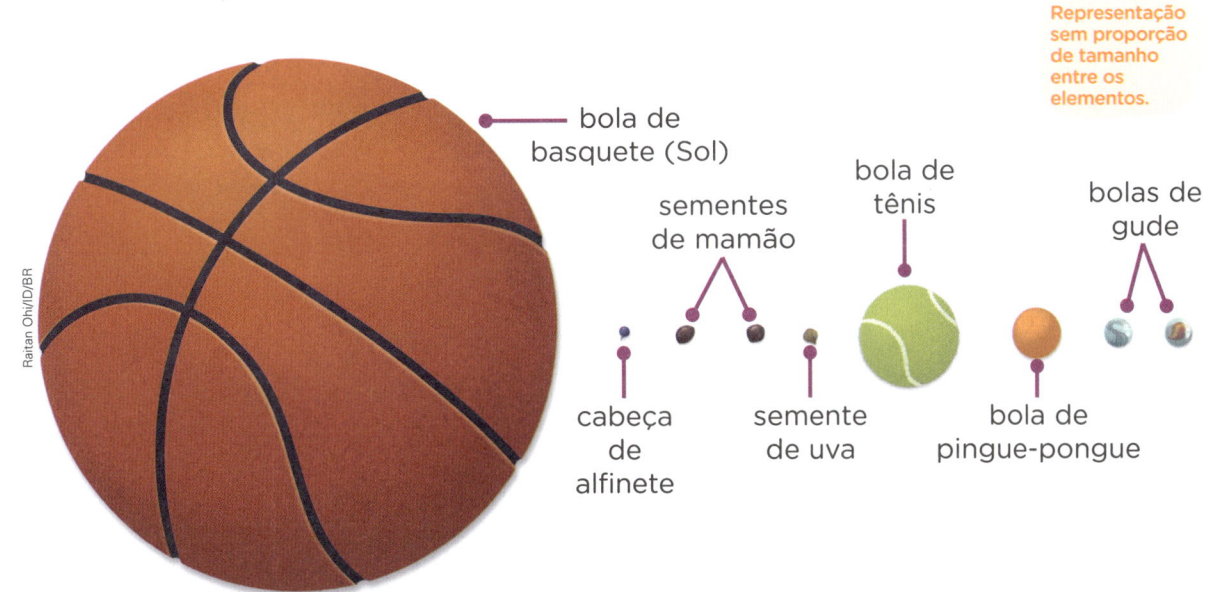

Representação sem proporção de tamanho entre os elementos.

- bola de basquete (Sol)
- cabeça de alfinete
- sementes de mamão
- semente de uva
- bola de tênis
- bola de pingue-pongue
- bolas de gude

a. Por que o aluno escolheu objetos e partes de planta de tamanhos diferentes para representar os astros?

_____
_____
_____

b. Qual dos objetos corresponde ao planeta Júpiter? E qual representa Mercúrio? Explique.

_____
_____
_____

4 Em grupos, façam uma pesquisa sobre maneiras distintas de se interpretar as constelações em pelo menos duas culturas diferentes, do passado ou do presente. O que essas interpretações têm de semelhante? E de diferente? Você acha que uma está mais correta do que a outra? Por quê? Converse com os colegas e o professor.

Saber Ser

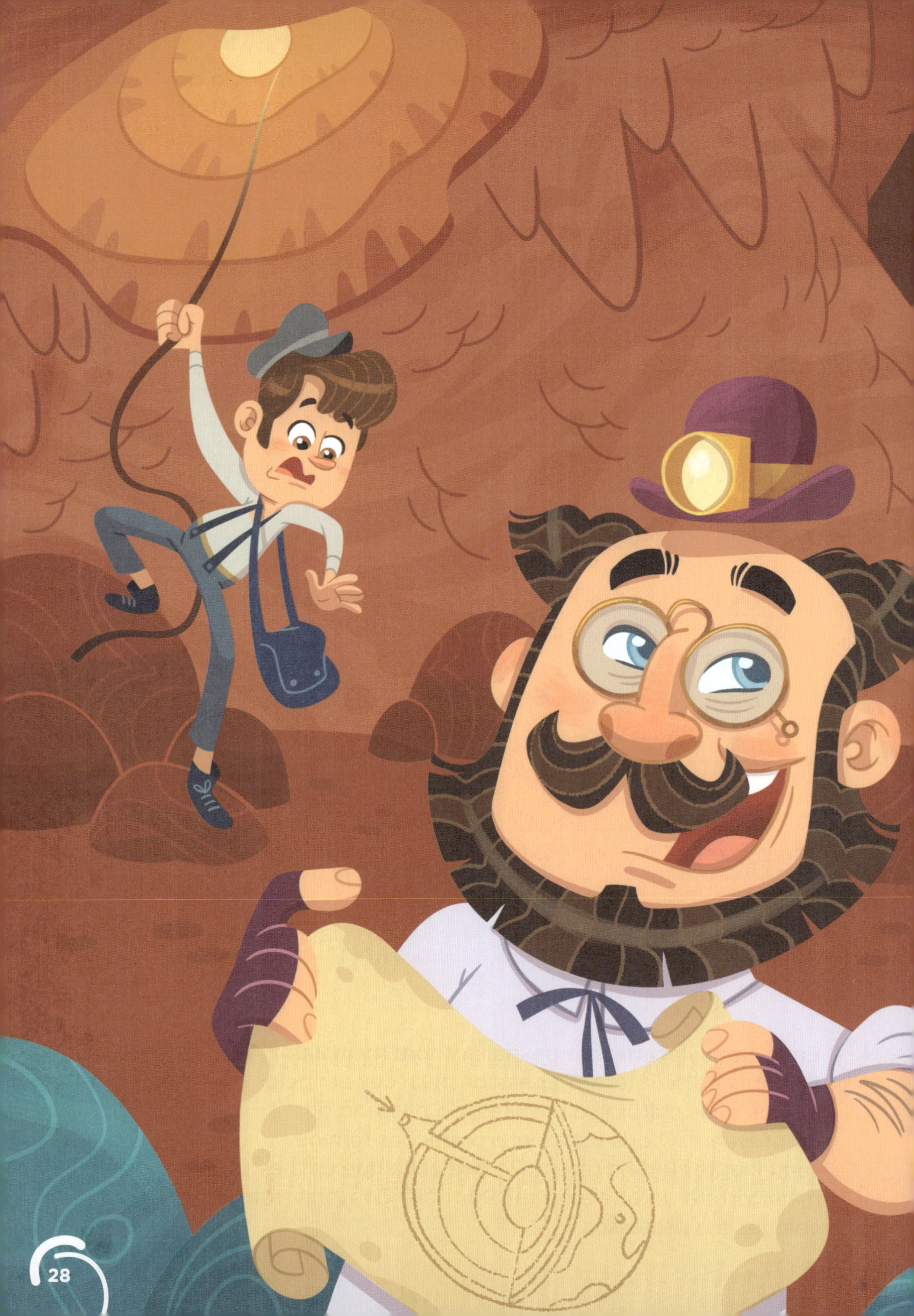

CAPÍTULO 2

Como é a Terra

O livro *Viagem ao centro da Terra*, escrito por Júlio Verne (1828-1905), conta a história de um menino e seu tio que chegam ao centro da Terra através da cratera de um vulcão na Islândia.

A imagem ao lado representa um pouco da ideia de Júlio Verne sobre como é a Terra por dentro – assunto que você vai estudar neste capítulo.

Para começo de conversa

1. Quais elementos da imagem você acredita que existam no interior da Terra? Quais deles são apenas fruto da imaginação de Júlio Verne?

2. Como você acha que seja o interior da Terra? Use sua criatividade e faça um desenho no caderno.

3. A imagem ao lado é uma ilustração criativa, baseada em uma obra literária. Como a criatividade pode nos ajudar a entender melhor o interior do planeta?

Saber Ser

vinte e nove 29

A Terra por dentro e por fora

Muito antes de a Terra ser vista do espaço, as pessoas já se questionavam sobre como ela seria. Analise a foto do planeta Terra ao lado. Que características do nosso planeta é possível observar?

Primeira foto da Terra, vista por inteiro, tirada do espaço. Esse registro foi feito em 1972 pela tripulação da nave Apollo 17.

A superfície da Terra

A Terra é formada por camadas com diferentes características. A **crosta** é a camada externa que envolve nosso planeta. Ela é sólida e formada por rochas. Sua parte mais externa, onde nós vivemos, é conhecida como **superfície terrestre**.

A superfície terrestre pode conter muitos tipos de vegetação, desertos, plantações, pastos ou cidades, por exemplo. Ela tem áreas mais elevadas, como as montanhas, e áreas mais baixas, como planícies e vales. A maior parte das áreas mais baixas é coberta pela água dos oceanos.

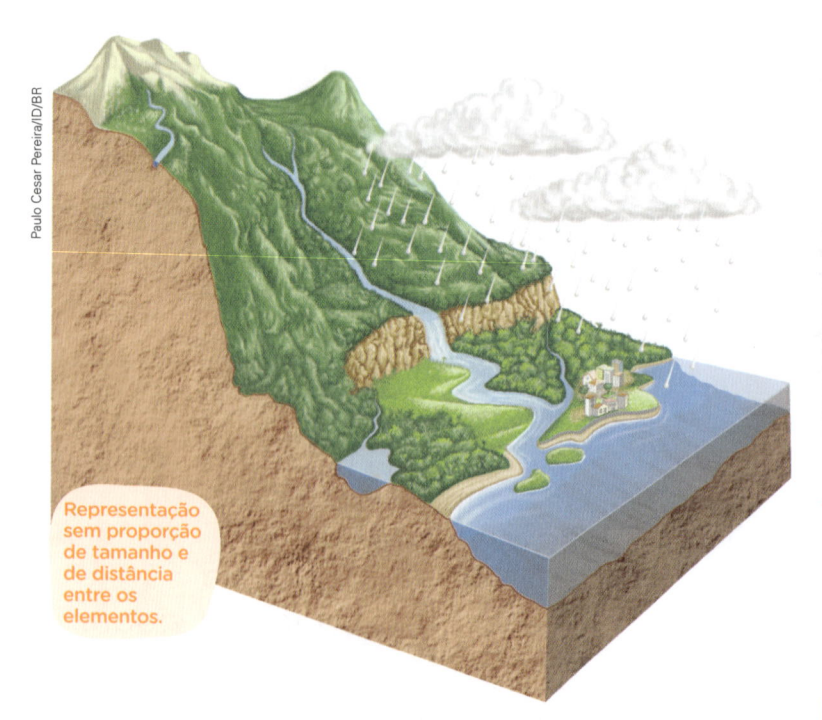

Representação sem proporção de tamanho e de distância entre os elementos.

▲ Representação esquemática de parte da superfície terrestre.

▲ O monte Ama Dablam fica na Ásia, na **cordilheira** do Himalaia, e mede 6 812 metros de altura.

Cordilheira: grupo grande de montanhas.

O interior do planeta

Abaixo da crosta terrestre, a temperatura é alta e segue aumentando em direção ao centro do planeta.

Por causa das altas temperaturas e de outras condições, é impossível alcançar o interior da Terra. Por isso, é necessário usar métodos e aparelhos para investigar como é o planeta por dentro. Um desses aparelhos é o **sismógrafo**.

▲ Sismógrafo próximo de um vulcão, na Indonésia. Foto de 2017.

Sismógrafo: aparelho que mede e registra os tremores da Terra.

A camada localizada logo abaixo da crosta é o **manto**, que é sólido e muito quente. O manto é a camada mais espessa da Terra.

A camada mais interna do planeta é o **núcleo**, que apresenta uma parte sólida e outra parte líquida, externa. As temperaturas no núcleo são ainda mais altas que as do manto.

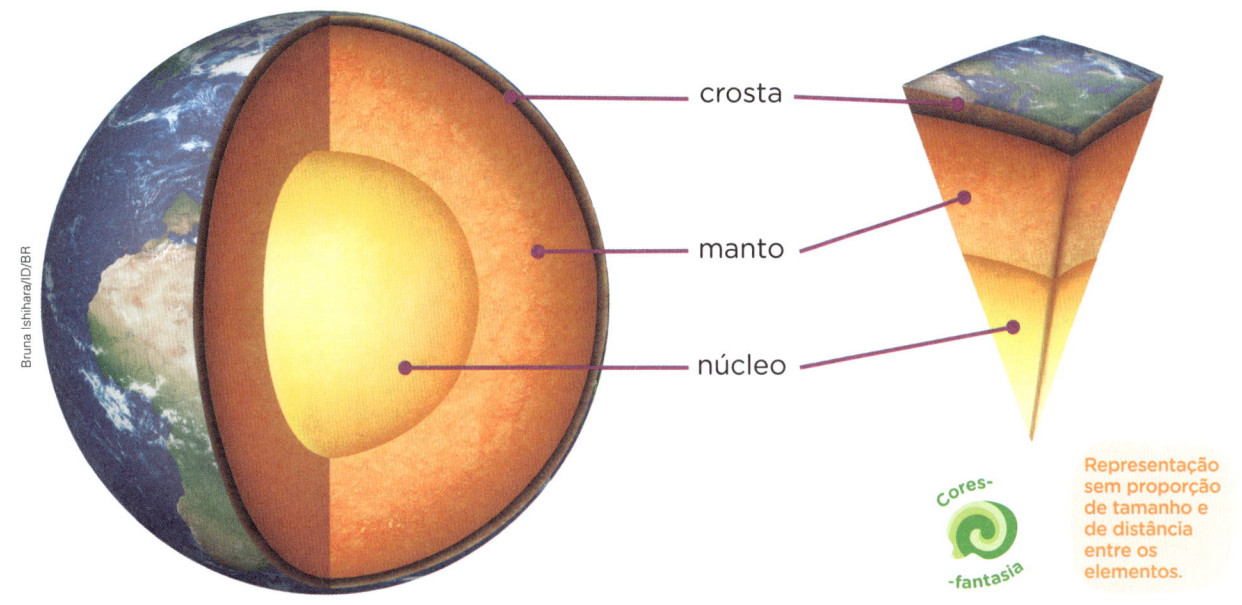

- crosta
- manto
- núcleo

Cores-fantasia

Representação sem proporção de tamanho e de distância entre os elementos.

▲ Representação esquemática da estrutura interna do planeta Terra.

Fonte de pesquisa da ilustração: Frank Press e outros. *Para entender a Terra*. 4. ed. Porto Alegre: Bookman, 2006. p. 37.

1 Troque ideias com os colegas sobre esta questão: Quais são as características de cada camada da Terra?

Rochas e solos

A crosta terrestre é formada por uma grande variedade de rochas.

Representação sem proporção de tamanho e de distância entre os elementos.

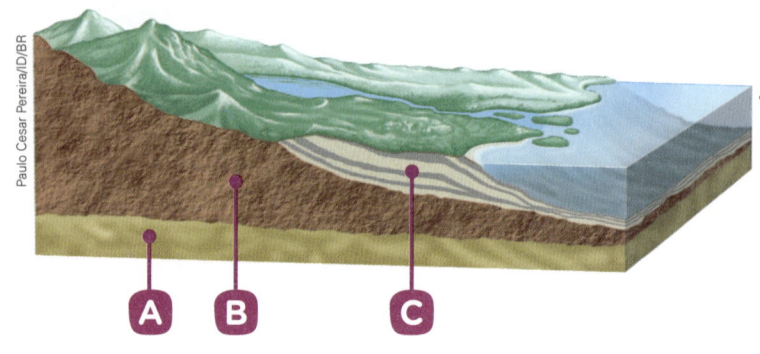

A, **B** e **C** representam os diferentes tipos de rocha da crosta terrestre.

Fonte de pesquisa da ilustração: Frank Press e outros. *Para entender a Terra*. 4. ed. Porto Alegre: Bookman, 2006. p. 196.

As rochas são formadas por **minerais**. Algumas são formadas por apenas um mineral, enquanto outras são formadas por dois ou mais minerais.

Em alguns casos, é possível identificar os minerais da rocha a olho nu. No granito, por exemplo, é possível ver pequenos grãos de aparência semelhante à do vidro, que correspondem ao mineral quartzo.

▲ O granito é formado por quartzo e outros minerais.

As características das rochas determinam os diversos usos que elas podem ter. O mármore, por exemplo, é uma rocha muito usada para fazer esculturas. Também existem rochas constituídas de minerais de importância econômica, como o ferro e o alumínio, que são extraídos e transformados em produtos como panelas, latas, peças de veículos, entre outros.

▲ Área de extração de xisto, em São Mateus do Sul, Paraná. Foto de 2016.

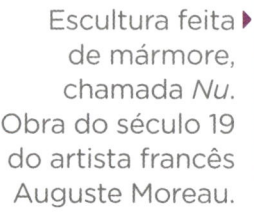

▶ Escultura feita de mármore, chamada *Nu*. Obra do século 19 do artista francês Auguste Moreau.

32 trinta e dois

A formação do solo

O **solo** é composto de fragmentos de rocha (parte mineral), de restos de organismos, de ar e de água. O ar e a água geralmente ocupam os espaços (ou **poros**) entre os grãos que formam o solo.

O processo de formação do solo demora milhares de anos para acontecer. Os solos podem se originar de diferentes tipos de rocha e passar por processos de formação distintos. Por isso, existe uma grande variedade deles. Acompanhe algumas etapas da formação do solo.

Representação sem proporção de tamanho e de distância entre os elementos.

1. Os componentes da rocha estão bem unidos formando um grande bloco.

2. A ação de diversos fatores, como a água e o vento, provoca rachaduras na rocha. Com o tempo, pedaços de rocha se soltam. Alguns organismos se instalam no solo e também contribuem para a transformação da rocha.

3. Restos de plantas e de animais se misturam ao solo, enriquecendo-o com nutrientes. O solo com mais nutrientes favorece o desenvolvimento de novas plantas.

4. O solo ganha mais camadas. As camadas mais superficiais sofrem mais transformações e as mais profundas são pouco modificadas.

Ilustrações: Bugbite/ID/BR

Para explorar

Conhecendo o solo.
Disponível em: https://vimeo.com/54306301. Acesso em: 15 jan. 2021.
Assista ao vídeo para conhecer melhor a formação e a composição do solo.

Na prática

Características dos solos

Será que há tipos de solo diferentes mesmo em regiões próximas, como as do entorno da escola? Vamos verificar.

Você vai precisar de:

- água
- luvas
- colher ou pá
- caneta hidrográfica
- sacos plásticos
- funis
- algodão
- copos de plástico transparentes
- cronômetro

Como fazer

1. Com a orientação do professor, reúnam-se em trios. Procurem locais do entorno da escola em que o solo possa ser coletado.

Atenção!
Ao mexer no solo, é muito importante usar luvas. Você pode contrair doenças ao colocar as mãos sujas nos olhos ou na boca.

2. Coloquem as luvas para proteger as mãos e coletem pequenas amostras de solo com a colher ou a pá. Guardem cada amostra em um saco plástico diferente e identifiquem cada uma delas.

3. Na sala de aula, ainda com luvas, analisem as amostras de solo em relação à cor, à textura, ao cheiro e ao tamanho dos grãos. Anotem no caderno as características observadas em cada amostra.

4. Coloquem um chumaço de algodão na parte mais estreita de cada funil. Posicionem cada funil sobre um copo. Em seguida, coloquem também, em cada funil, a mesma quantidade de cada amostra de solo coletada.

5. Com a caneta hidrográfica, façam marcas que indiquem a altura de 2 centímetros em cada copo.

6. Despejem água em cada funil. Usando o cronômetro, registrem o tempo que a água leva para atingir as marcas nos copos.

Para finalizar

1. No caderno, façam uma tabela comparando as amostras em relação à cor, à textura, ao cheiro, ao tamanho dos grãos e ao tempo de passagem da água.

2. Existe relação entre o tempo de passagem da água e outras características de cada solo? Troquem ideias com os colegas.

A importância do solo para os seres vivos

O solo é muito importante para diversos seres vivos. Muitos deles vivem no solo, desde microrganismos até animais como a formiga, a minhoca e o tatu. Já as plantas se fixam no solo e absorvem dele água e sais minerais por meio das raízes.

Os seres humanos utilizam o solo, por exemplo, para cultivar alimentos.

▲ A minhoca e o tatuzinho-de-quintal vivem no solo e podem ser alimentos de aves.

Representação sem proporção de tamanho entre os elementos.

Impactos das atividades humanas nos solos

O cultivo de plantas pode fazer os grãos que formam o solo serem arrastados mais facilmente pela água ou pelo vento. Esse deslocamento de porções do solo para outras áreas é chamado de **erosão**.

As plantas formam uma barreira contra a ação do vento e da chuva e suas raízes sustentam as partículas do solo. O **desmatamento** deixa o solo mais vulnerável à erosão.

O destino inadequado do **lixo** também contamina o solo.

Nas áreas rurais, a aplicação de **agrotóxicos** em plantações pode poluir o solo e a água. Nos pastos, o pisoteio dos animais pode "comprimir" o solo e causar sua **compactação**.

▲ Cultivo de milho para a produção de alimento. Araguari, Minas Gerais. Foto de 2021.

▲ Efeito da erosão sobre o solo. Tonantins, Amazonas. Foto de 2020.

1 Que importância o solo tem em sua vida? Troque ideias com os colegas.

Vamos ler imagens!

As funções do solo representadas em um infográfico

Infográfico é um conjunto de recursos gráficos e visuais, como textos, ilustrações, mapas, fotografias, gráficos, tabelas, setas, números, entre outros, que possibilitam múltiplos modos de apresentar um assunto. Esses diferentes componentes se integram para transmitir uma mensagem.

Para fazer a leitura de um infográfico, é preciso seguir determinadas etapas. Veja algumas delas:

1. Ler o **título** do infográfico e identificar o que o infográfico explica.

Funções do solo
Solos fornecem serviços ambientais que possibilitam a vida na Terra

- Sequestro de carbono
- Purificação da água e degradação de contaminantes
- Regulação do clima
- Produção de alimentos, fibras e combustíveis
- Ciclagem de nutrientes
- Hábitat para os organismos
- Herança cultural
- Fornecimento de materiais de construção
- Base da infraestrutura humana
- Regulação de enchentes
- Fonte de recursos genéticos e farmacêuticos

Organização das Nações Unidas para a Alimentação e a Agricultura

2015 Ano Internacional dos Solos — fao.org/soils-2015

2. Identificar, ler e observar os componentes: nesse exemplo, **textos** e **ilustrações** se integram para transmitir as informações.

Organização das Nações Unidas para a Alimentação e a Agricultura (FAO). Disponível em: http://www.fao.org/3/ax374pt/ax374pt.pdf. Acesso em: 7 abr. 2021.

Agora é a sua vez

1 Complete a tabela abaixo com as informações sobre o infográfico desta seção.

Qual é o título?	
Que assunto é apresentado?	
Que elementos o compõem?	
A que público se destina?	
Como os componentes estão representados?	
Onde poderia ser encontrado?	

2 Com a ajuda do professor, faça no caderno uma lista das palavras do infográfico que você não conhece. Em trios, pesquisem o significado de cada uma delas.

3 Escreva dois exemplos de uso do solo pelos seres humanos que são mencionados no infográfico. Você conhece outros usos? Quais?

_____
_____
_____

4 Pesquisem os cuidados que devem ser tomados nesses usos do solo. Por que esses cuidados são essenciais?

Saber Ser

_____
_____
_____

trinta e sete 37

Aprender sempre

1 Observe as imagens abaixo e faça o que se pede.

a. Conte a um adulto da sua casa o que você observou nessas imagens.

b. Escreva um pequeno texto no caderno. No primeiro parágrafo, mencione de que maneira a vegetação protegia o solo retratado nas imagens. No segundo parágrafo, escreva o que poderia ser feito para recuperar essa área e qual é a importância dessa recuperação.

2 As cenas abaixo mostram a existência de um componente do solo.

a. Que componente é esse? Como você descobriu?

_____

_____

b. As minhocas vivem em túneis que escavam no solo. Esses túneis deixam o solo com mais ar. Quando chove muito, as minhocas sobem até a superfície. Por que isso acontece?

_____

3 Observe o experimento a seguir, feito por um aluno.

1. O aluno colocou gesso em pó e água dentro de um copo plástico e misturou bem. Em seguida, depositou sementes de feijão no gesso ainda mole.

2. Ele retirou o copo ao redor do gesso quando esse material endureceu.

3. Dias depois, as sementes germinaram. O desenvolvimento das raízes das plantas provocou rachaduras no gesso.

a. Nesse experimento, o que o gesso representa?

___

b. Use as palavras abaixo para escrever uma frase que relacione esse experimento à importância do solo para a vida.

solo   desenvolvimento   plantas   alimento   nutrientes   seres vivos

___
___
___
___

c. Com base nesse experimento, converse com os colegas sobre estas questões: As plantas podem provocar rachaduras nas rochas que ajudam no processo de formação do solo? Como?

trinta e nove **39**

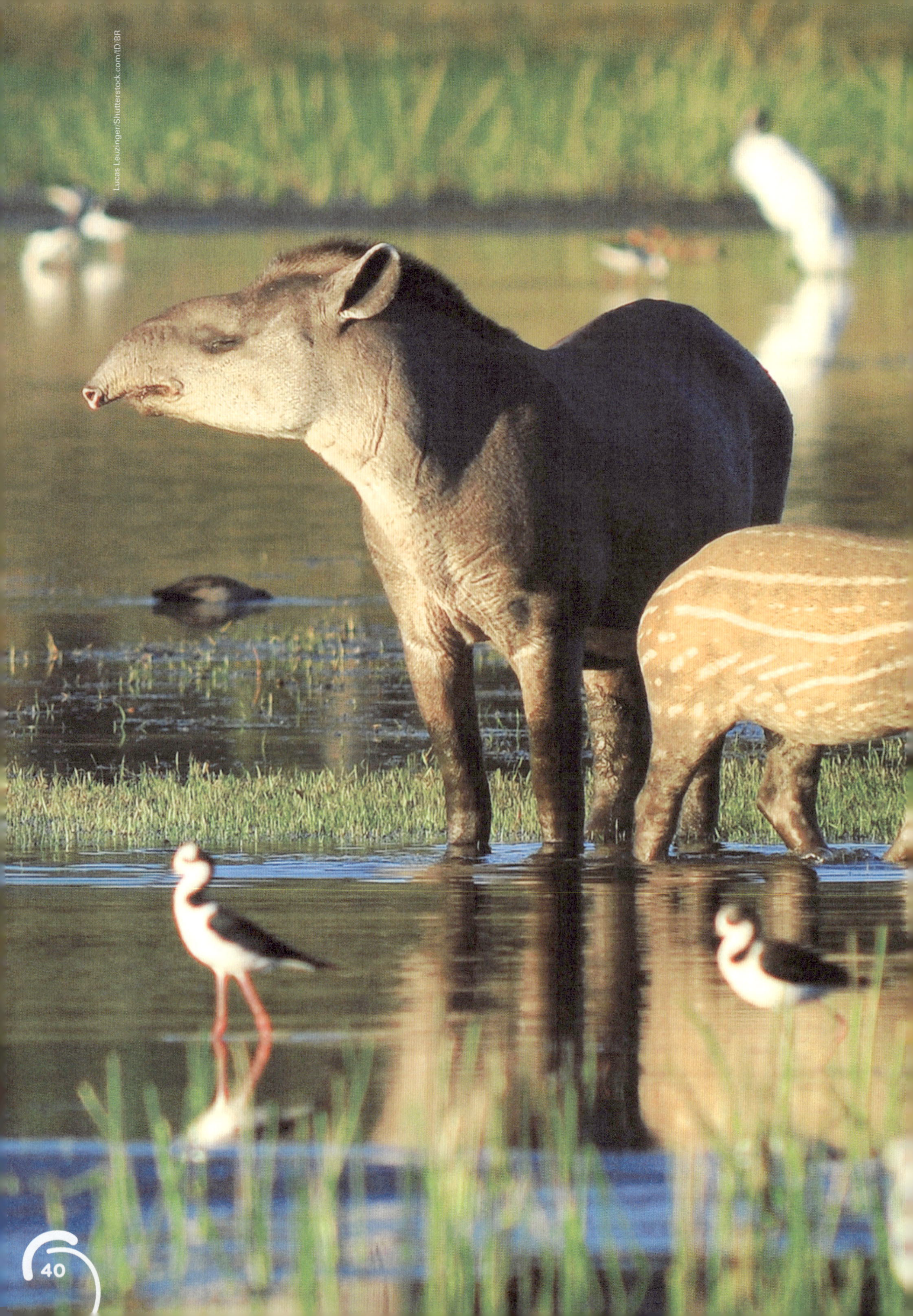
Lucas Leuzinger/Shutterstock.com/ID/BR

CAPÍTULO 3

Animais vertebrados

Observe os animais mostrados na foto ao lado. Você sabe dizer o que eles têm em comum com um gato, um peixe e um sapo?

Apesar de serem diferentes entre si, todos eles fazem parte do grupo de animais vertebrados, assim como nós, os seres humanos.

Para começo de conversa

1. Descreva as características dos animais dessa foto.

2. Cite animais que tenham características em comum com esses animais.

3. O que significa dizer que um animal é vertebrado?

4. Alguns animais podem se sentir ameaçados em determinadas situações e acabar oferecendo risco às pessoas. Que cuidados você acha que deve ter ao encontrar com um animal que não conhece ou com o qual não está familiarizado? Comente.

Saber Ser

◀ Anta fêmea com filhote no Pantanal. Foto de 2018. Comprimento do adulto: 2 m.

O corpo dos animais vertebrados

O que os animais vertebrados, como a tartaruga, o papagaio, o tubarão, a rã e a onça-pintada, têm em comum? Todos eles têm ossos, como o crânio e a coluna vertebral.

O **crânio** é uma caixa óssea que fica na cabeça e protege o cérebro. A **coluna vertebral** é formada por um conjunto de ossos alinhados chamados **vértebras**. O crânio, a coluna vertebral e os demais ossos do corpo formam o **esqueleto**. O esqueleto sustenta o corpo, ajuda na locomoção e protege os órgãos internos, como fígado, pulmões e coração. Observe o esqueleto humano na imagem ao lado.

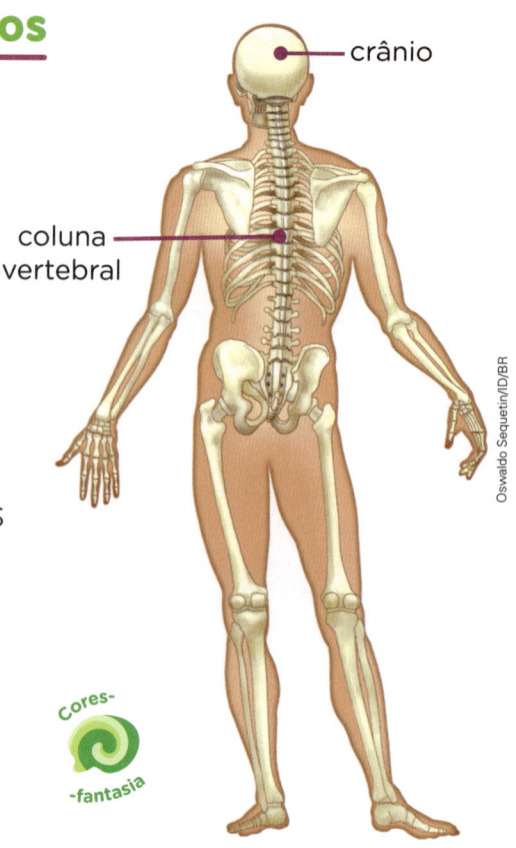

crânio

coluna vertebral

Cores--fantasia

▲ Representação do esqueleto humano.

Fonte de pesquisa da ilustração: Robert Winston. *Body*: an amazing tour of human anatomy. London: Dorling Kindersley, 2005. p. 10.

Órgão: parte do corpo que realiza uma ou mais funções.

1 Dos animais representados nas imagens abaixo, identifique aqueles que você conhece.

Cores--fantasia

Representação sem proporção de tamanho entre os elementos.

Legenda
- crânio
- coluna vertebral

42 quarenta e dois

Os grupos de animais vertebrados

Vimos que os animais vertebrados apresentam algumas características semelhantes. Mas eles também têm características bastante diferentes entre si. Observe alguns exemplos.

Peixes

Os **peixes** podem ter muitas cores, tamanhos e formatos. Eles vivem em ambientes aquáticos, isto é, em mares, rios, lagos ou represas. A respiração é feita por **brânquias**, estruturas que absorvem o gás oxigênio da água. A maior parte dos peixes tem o corpo coberto de escamas, e suas nadadeiras ajudam na locomoção embaixo d'água.

▲ O pirarucu vive em rios da região amazônica. Comprimento: 2 m.

▲ O tubarão-martelo vive em mares brasileiros. Comprimento: 4 m.

Anfíbios

Sapos, pererecas e salamandras fazem parte do grupo dos **anfíbios**. Muitos animais desse grupo, enquanto são filhotes, vivem na água, respiram por brânquias e se locomovem nadando. Quando se tornam adultos, eles vivem mais tempo no ambiente terrestre e respiram principalmente por **pulmões**, estruturas que absorvem o gás oxigênio do ar. A pele dos anfíbios também participa da respiração.

Alguns anfíbios saltam, outros andam, e outros, ainda, rastejam. A maioria deles se alimenta de animais. Os girinos, filhotes aquáticos de alguns anfíbios, comem plantas.

▲ As salamandras, como a salamandra-da-lama, andam sobre o solo. Elas têm quatro patas. Comprimento: 15 cm.

1 No caderno, cite duas características dos peixes e duas características dos anfíbios.

▲ As pererecas, como a perereca--de-olhos-laranja, podem se fixar em superfícies, pois têm ventosas (estruturas adesivas) nas pontas dos dedos. Comprimento: 5 cm.

Répteis

Tartarugas, lagartixas, jacarés e serpentes são exemplos de répteis. Muitos dos animais desse grupo se locomovem arrastando o corpo no chão, mas há também os que andam ou nadam. Existem répteis que vivem em ambientes aquáticos e também em ambientes terrestres.

A maioria tem a pele coberta de escamas. Há répteis cobertos de placas duras, como os jacarés, e os que são protegidos por uma carapaça, como as tartarugas e os jabutis.

Os répteis respiram por pulmões e absorvem o gás oxigênio do ar. Os que vivem em ambientes aquáticos, como as tartarugas marinhas, precisam subir à superfície para respirar. A maioria dos répteis se alimenta de outros animais.

▲ O corpo da sucuri é coberto de escamas. Ela se arrasta no chão, mas passa parte do tempo dentro da água. Comprimento: 4 m.

▲ O jabuti-piranga anda lentamente e tem uma carapaça muito dura. Comprimento: 35 cm.

Aves

As **aves** são animais com o corpo coberto de penas. Elas têm um par de asas e um bico, e a maioria é capaz de voar.

Elas não têm dentes e se alimentam usando o bico. Em geral, o formato do bico está relacionado ao tipo de alimentação. Algumas aves se alimentam apenas de outros animais. Outras se alimentam apenas de plantas. Há também aquelas que comem tanto plantas quanto animais.

Existem aves aquáticas e aves terrestres, mas todas respiram por pulmões.

▲ O bico fino e comprido dos beija-flores permite alcançar o néctar (líquido açucarado) das flores. Envergadura: 10 cm.

2 Sublinhe as frases verdadeiras e, no caderno, corrija as falsas.

a. Serpentes e lagartixas pertencem ao grupo dos répteis.

b. As tartarugas são aquáticas e absorvem o gás oxigênio da água.

c. As aves têm penas e a maioria delas voa.

Mamíferos

Seres humanos, gatos, cachorros e porcos são exemplos de animais **mamíferos**. Enquanto são filhotes, eles mamam, ou seja, se alimentam do leite produzido pela mãe.

O corpo dos mamíferos é coberto de pelos, que protegem a pele e mantêm o corpo aquecido. A cobertura de pelos varia conforme o animal. Por exemplo, a capivara tem pelo curto, enquanto alguns gatos e cachorros têm pelos longos. Outros mamíferos quase não têm pelos, como as baleias.

Os mamíferos adultos têm uma alimentação variada. A onça e a ariranha se alimentam de outros animais. Capivaras, bois e vacas comem plantas. O ser humano e os macacos comem tanto plantas quanto outros animais.

Existem mamíferos que vivem em ambientes terrestres e mamíferos que vivem em ambientes aquáticos, mas todos respiram por pulmões. A forma de locomoção deles é variada: os lobos andam e correm; os morcegos voam; os cangurus andam e saltam; os golfinhos e as baleias nadam.

▲ Gata amamentando seus filhotes. Comprimento do adulto: 40 cm.

▲ Os pelos duros do porco-espinho são uma forma de defesa desse animal. Comprimento: 30 cm.

▲ Ariranhas vivem em rios e se alimentam de peixe. Comprimento da ariranha: 1,5 m.

3 Leia o texto abaixo, sobre a respiração da baleia-jubarte, e responda à questão a seguir.

> [...] [É] possível perceber, no topo de sua cabeça [...] seu orifício respiratório. Ele equivale às nossas narinas, e permanece fechado durante todo o tempo em que o animal está submerso. Quando ele se aproxima da superfície este duplo orifício se abre e o ar é expelido com força pelos pulmões.
>
> Instituto Baleia Jubarte. A baleia-jubarte. Disponível em: https://www.baleiajubarte.org.br/projetoBaleiaJubarte/leitura.php?mp=aBaleia&id=81. Acesso em: 30 abr. 2021.

• Qual é a função do orifício respiratório nas baleias?

Pessoas e lugares

Museu de Zoologia: pesquisar, aprender e se divertir

São Paulo: Município de São Paulo

Fonte de pesquisa: *Meu 1º atlas*. Rio de Janeiro: IBGE, 2012. p. 100.

O Museu de Zoologia da Universidade de São Paulo (USP), localizado no município de São Paulo, foi inaugurado em 1890. Veja a localização do município de São Paulo no mapa ao lado.

Nesse museu, estão guardados materiais muito valiosos, como livros, coleções científicas, publicações antigas e **fósseis**, que contam a história da natureza e de nossos **ancestrais**. Há também uma enorme coleção, com mais de 10 milhões de exemplares, de animais do Brasil e de outras partes do mundo, que podem ser vistos pelo público.

▲ Museu de Zoologia, no município de São Paulo. Foto de 2018.

Fóssil: vestígio muito antigo de animais ou de plantas que foi preservado ao longo do tempo.
Ancestral: antecessor; que veio antes; antepassado.

Para explorar

Museu de Zoologia da USP.
Disponível em: http://mz.usp.br/pt/visitas/exposicoes/. Acesso em: 14 jan. 2021.

Nessa página do Museu de Zoologia, é possível fazer uma visita virtual à exposição em cartaz. Essa é uma forma divertida de conhecer os seres vivos, atuais e antigos.

Museus também são lugares importantes para pesquisas científicas. Os exemplares presentes no museu também são estudados por pesquisadores. Eles investigam, por exemplo, características de plantas e de animais e as relações que esses seres estabelecem com o ambiente. Leia, no texto abaixo, sobre uma nova espécie de peixe descoberta por Gustavo Ballen, biólogo e pesquisador do Museu de Zoologia da USP.

O acervo do museu teve grande importância para a descoberta por possuir a maior coleção do mundo de peixes de água doce da América do Sul.

Inicialmente, Ballen conta que foi [elaborado] um texto curto e explicativo sobre como a espécie nova difere das outras já conhecidas [...].

▲ Peixe-galho. Comprimento: 19 cm.

Museu de Zoologia ajuda na descoberta de espécie de peixe. *Ipiranga News*, 9 jan. 2020. Disponível em: https://ipiranganews.inf.br/museu-de-zoologia-ajuda-na-descoberta-de-especie-de-peixe/. Acesso em: 30 abr. 2021.

Além disso, o museu oferece programações especiais para crianças, como o programa Interação Animal, que busca, por meio de jogos e de brincadeiras, estimular o interesse delas pela ciência.

▶ Esqueleto de preguiça-gigante em exposição no Museu de Zoologia. Foto de 2019.

1. Quem pode usar o Museu de Zoologia da USP? Dê dois exemplos de uso do museu. Responda no caderno.

2. Com base na descoberta do peixe-galho citada no texto, escreva, no caderno, como o Museu de Zoologia da USP é usado em uma pesquisa científica.

3. Você já visitou um museu de ciências? Em caso negativo, gostaria de visitar? Se já visitou, o que mais gostou de conhecer no museu? Por quê? Converse com os colegas e o professor.

Aprender sempre

1 Leia o texto abaixo, em voz alta, para um adulto que mora com você. Depois, responda à questão no caderno.

> [...] Sapos, rãs e pererecas não bebem água como os humanos. Eles absorvem água através da pele. Algumas espécies, quando têm sede, procuram ficar em contato com as folhas das árvores ou de outras plantas que ficam molhadas pela chuva ou [pelo] orvalho. Também podem retirar a água do próprio ar úmido das florestas. [...]
>
> Instituto Rã-bugio para Conservação da Biodiversidade. Disponível em: http://www.ra-bugio.org.br/anfibios_sobre_03.php. Acesso em: 20 abr. 2021.

- Explique como a água entra no corpo dos anfíbios.

2 "Nem tudo o que cai na rede é peixe." Essa frase foi usada em uma campanha de preservação de tartarugas marinhas ameaçadas de extinção.

◀ Tartaruga marinha acidentalmente presa em rede de pesca. Comprimento: 1 m.

a. As tartarugas precisam subir até a superfície para respirar. Por que as redes de pesca representam uma ameaça para esses animais? Responda no caderno.

b. Por que é importante que pescadores e demais pessoas saibam como evitar esse tipo de situação? Converse com um colega.

c. Que outras ameaças os animais que vivem no mar podem sofrer por causa da ação do ser humano? Forme um grupo com três colegas e pesquise. Compartilhem as informações com os outros grupos.

3 Os restos de um animal morto foram encontrados por pesquisadores, que fizeram um desenho do que observaram (veja ao lado). Esse animal é um vertebrado? Explique.

_____

_____

4 Que tal aprender enquanto brinca? Junte-se a dois colegas. Destaquem as fichas do **Jogo dos vertebrados** das páginas 161 a 165 e observem as instruções a seguir.

Objetivo do jogo
- Ser o primeiro jogador a ficar sem nenhuma ficha na mão e completar uma rodada de jogo.

Montagem do jogo
- O professor deve informar quais são os tipos de ficha do jogo. Um dos jogadores vai embaralhar as fichas e distribuir dez delas para cada participante. Com o restante das fichas, ele vai formar um monte de compras, com a face virada para baixo.

Início do jogo
- O jogador à esquerda de quem distribuiu as fichas deve começar o jogo virando a primeira ficha do monte de compras na mesa.

Como jogar
- Cada jogador deve descartar uma ficha que corresponda à cor ou ao grupo de vertebrado ou, então, uma ficha especial. Caso não tenha ficha igual à que foi virada, o jogador deve comprá-la do monte de compras até encontrar uma que seja semelhante.
- O jogador que ficar com apenas uma ficha na mão, ao longo do jogo, deve dizer "falta uma". Caso ele não diga e sua vez passe, deve comprar duas fichas do monte de compras.

Fim do jogo
- Ao descartar todas as fichas que estão em sua mão, o jogador prossegue até que seja sua vez de jogar novamente. Se estiver sem fichas ao chegar a sua vez, será o vencedor.

50

CAPÍTULO 4

Animais invertebrados

Os animais representados na imagem ao lado, apesar de diferentes entre si, compartilham uma característica: todos são animais invertebrados (exceto o ser humano representado pela mão com a lupa).

Em nosso dia a dia, geralmente não notamos a presença desses animais. Porém, eles são muito importantes. Neste capítulo, vamos conhecer um pouco melhor os animais invertebrados.

Para começo de conversa

1. Quantos animais invertebrados estão representados na imagem? Quais são eles?

2. Cite outros animais invertebrados que você conhece.

3. Qual é a principal diferença entre os animais vertebrados e os animais invertebrados?

4. Explique por que as abelhas e as minhocas são animais especificamente importantes para a agricultura.

Saber Ser

Invertebrados terrestres

Animais que não têm ossos, como crânio e coluna vertebral, são chamados de **invertebrados**. Os invertebrados terrestres vivem em diversos tipos de ambiente, desde as matas até os desertos. Formigas, centopeias e aranhas têm pernas e andam; minhocas e caracóis rastejam; abelhas e mosquitos têm asas e voam; grilos e pulgas saltam.

Muitos invertebrados podem ser encontrados debaixo de pedras ou de folhas caídas, como o tatuzinho-de-quintal. Já as minhocas vivem dentro de túneis cavados no solo.

Os únicos invertebrados que têm asas são os insetos. Borboletas, libélulas, besouros, abelhas, joaninhas e gafanhotos, entre muitos outros, são invertebrados que voam.

Alguns invertebrados são tão pequenos que, para observá-los, são necessários instrumentos, como os microscópios.

▲ O tatuzinho-de-quintal enrola todo o corpo quando precisa se defender. Comprimento: 1 cm.

▲ Além de voar, os gafanhotos, como o gafonhoto-soldado, também saltam. Comprimento: 5 cm.

▲ Os ácaros são invertebrados que vivem na poeira que existe dentro das casas. Ampliação de cerca de 173 vezes.

Insetos sociais

Insetos como as abelhas, as formigas e os cupins podem viver em grupos grandes, em que cada indivíduo tem uma função coletiva, formando uma sociedade. Em uma colmeia podem viver milhares de abelhas.

▶ Alguns insetos vivem em grupo, como os cupins. Comprimento: 1 cm.

Para explorar

As saúvas: uma sociedade de formigas.
Disponível em: https://revistapesquisa.fapesp.br/as-sa%C3%BAvas-uma-sociedade-de-formigas/. Acesso em: 14 jan. 2021.
O vídeo apresenta diversos aspectos da sociedade formada pelas formigas saúvas.

Invertebrados aquáticos

Muitos invertebrados vivem dentro da água quando são filhotes e, depois de adultos, passam a viver fora dela, como o mosquito que transmite a dengue. Outros invertebrados vivem sempre imersos na água, como alguns caramujos e camarões.

▲ O camarão-da-malásia vive na água doce e pode ser criado em cativeiro. Comprimento: 25 cm.

Também há pequenos mosquitos e algumas aranhas que conseguem se locomover na superfície da água sem afundar. Isso acontece porque, na superfície da água parada, existe uma fina camada capaz de sustentar esses animais.

Em mares e oceanos, vivem milhares de invertebrados. Alguns deles, como as esponjas, não se locomovem e vivem presos em rochas. As esponjas obtêm alimento da água que circula em seu corpo.

▲ Aranha-pescadora sobre a superfície da água. Comprimento: 8 cm.

As anêmonas-do-mar quase não se movem. Elas usam os **tentáculos** ao redor da boca para capturar pequenos peixes e outros animais para se alimentar. Outros invertebrados marinhos, como polvos e lulas, usam os tentáculos para se mover e capturar pequenos animais na alimentação. Nos polvos, os tentáculos são chamados de braços e têm **ventosas**.

▲ Esponjas vivem fixas em rochas no fundo do mar. Altura: 10 cm.

▲ Polvo comum com ventosas nos tentáculos. Comprimento: 25 cm.

> **Tentáculo:** prolongamento do corpo que auxilia no tato e na captura de alimentos.
>
> **Ventosa:** estrutura arredondada com bordas, que funcionam como um adesivo, e uma parte central, que tem a capacidade de se encolher, simulando o efeito de sugar.

1 Você já observou animais invertebrados em um rio, em um lago ou em uma represa? Em caso afirmativo, como eles eram? Converse com os colegas.

Na prática

Como é possível andar sobre a água?

Como alguns insetos conseguem caminhar sobre a água? Nesta atividade, vamos ver como isso ocorre.

Você vai precisar de:

- um copo plástico transparente com água
- lápis
- régua
- tesoura com pontas arredondadas
- uma folha de papel-alumínio

Como fazer

1. Com a ajuda do professor, faça um retângulo de 16 centímetros de comprimento por 3,5 centímetros de largura na folha de papel-alumínio.
2. Corte o retângulo com a tesoura.
3. Dobre o retângulo quatro vezes, como mostram as figuras acima.
4. Coloque a tira dobrada sobre a água no copo e observe.
5. Pressione de leve o papel-alumínio com a ponta do lápis e solte. Repita o procedimento. Observe o que acontece com a água em contato com a tira.
6. Pressione a tira com mais força e veja o que acontece.

Para finalizar

1. O papel-alumínio afundou quando foi colocado na água?

    ☐ Sim.   ☐ Não.

2. O que aconteceu com a água quando a tira foi pressionada levemente? E quando foi pressionada com força? Responda no caderno.

3. Compare o que você observou no experimento com um inseto que se desloca na água. Converse com um colega para responder às questões: Que etapa do experimento corresponde ao deslocamento do inseto? Por quê?

Os invertebrados e os outros seres vivos

Os invertebrados são muito importantes para o ambiente. Eles se relacionam com outros seres vivos e com elementos não vivos.

Minhocas e alguns besouros se alimentam de restos de plantas e de animais mortos. Suas fezes deixam no solo importantes nutrientes que são absorvidos pelas plantas. Já as abelhas, as borboletas e outros insetos participam da reprodução de plantas.

Seres vivos que vivem fora ou dentro do corpo de outro ser vivo causando-lhe prejuízo são chamados de **parasitas**.

Pulgas, piolhos e carrapatos são parasitas dos seres humanos e de outros animais. Eles podem viver fora do corpo do animal que parasitam e se alimentam do sangue desse animal. Lombrigas e outros vermes vivem dentro do corpo do ser humano e podem causar doenças.

▲ Algumas aranhas, como a aranha-de-prata, capturam insetos nas teias que constroem. Comprimento: 5 cm.

▲ A lombriga é um verme que pode viver dentro do intestino humano e se alimentar de parte daquilo que é ingerido pela pessoa. Comprimento: 20 cm.

1 Identifique, na imagem a seguir, um invertebrado terrestre que:

  a. constrói teias e com elas captura animais:

  _____

  b. enrola o corpo e assim se protege:

  _____

  c. vive em grupo:

  _____

  d. tem concha:

Aprender sempre

1 Leia o texto a seguir em voz alta e responda às questões.

> A transmissão da dengue, da febre chikungunya e do vírus zika ocorre pela picada de mosquito *Aedes aegypti*.
> [...]
> O *Aedes* costuma ter sua circulação intensificada no verão, em virtude da combinação da temperatura mais quente e chuvas. Para se reproduzir, ele precisa de locais com água parada.
>
> ▲ Mosquito *Aedes aegypti* pousado na pele de uma pessoa. Comprimento: 6 mm.
>
> *Aedes aegypti* - dengue, zika e chikungunya. Secretaria da Saúde (Rio Grande do Sul). Saúde e você. Disponível em: https://saude.rs.gov.br/aedes. Acesso em: 24 maio 2021.

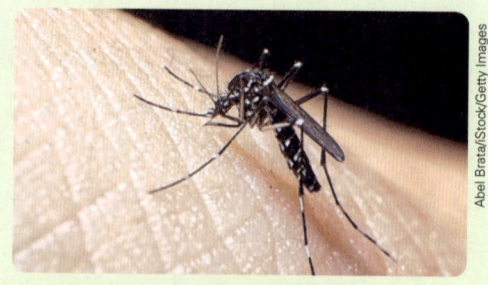

a. Sublinhe no texto as doenças transmitidas pelo *Aedes aegypti*.

b. Todos os anos, são feitas campanhas para combater o mosquito *Aedes aegypti* e diminuir o número de pessoas atingidas pelas doenças transmitidas por esse inseto. Que medidas são tomadas em sua casa para evitar que os mosquitos se reproduzam e as pessoas sejam picadas? Converse com um adulto.

_____
_____
_____

2 O polvo e o camarão-da-malásia são invertebrados aquáticos, portanto, eles podem viver juntos no mesmo ambiente.

- Você concorda com essa afirmação? Por quê?

_____
_____
_____

3 Vários invertebrados terrestres estão presentes no jardim representado na imagem ao lado. Escreva o nome deles.

_____

_____

_____

Representação sem proporção de tamanho e de distância entre os elementos.

- Que outros invertebrados você conhece? Em que ambientes eles vivem?

_____

_____

4 Forme dupla com um colega para identificar os animais destas imagens. Depois, relacionem cada invertebrado à característica correspondente.

Representação sem proporção de tamanho e de distância entre os elementos.

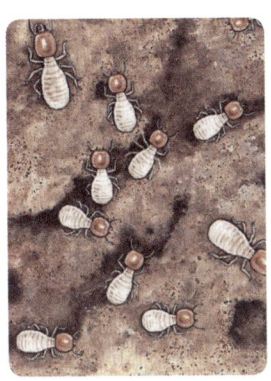

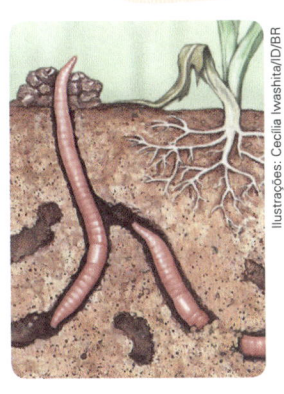

Carrapato. _____ _____ Minhocas.

a. Vivem em sociedade: _____

b. Voam: _____

c. É um parasita: _____

d. Vivem em túneis no solo: _____

cinquenta e sete **57**

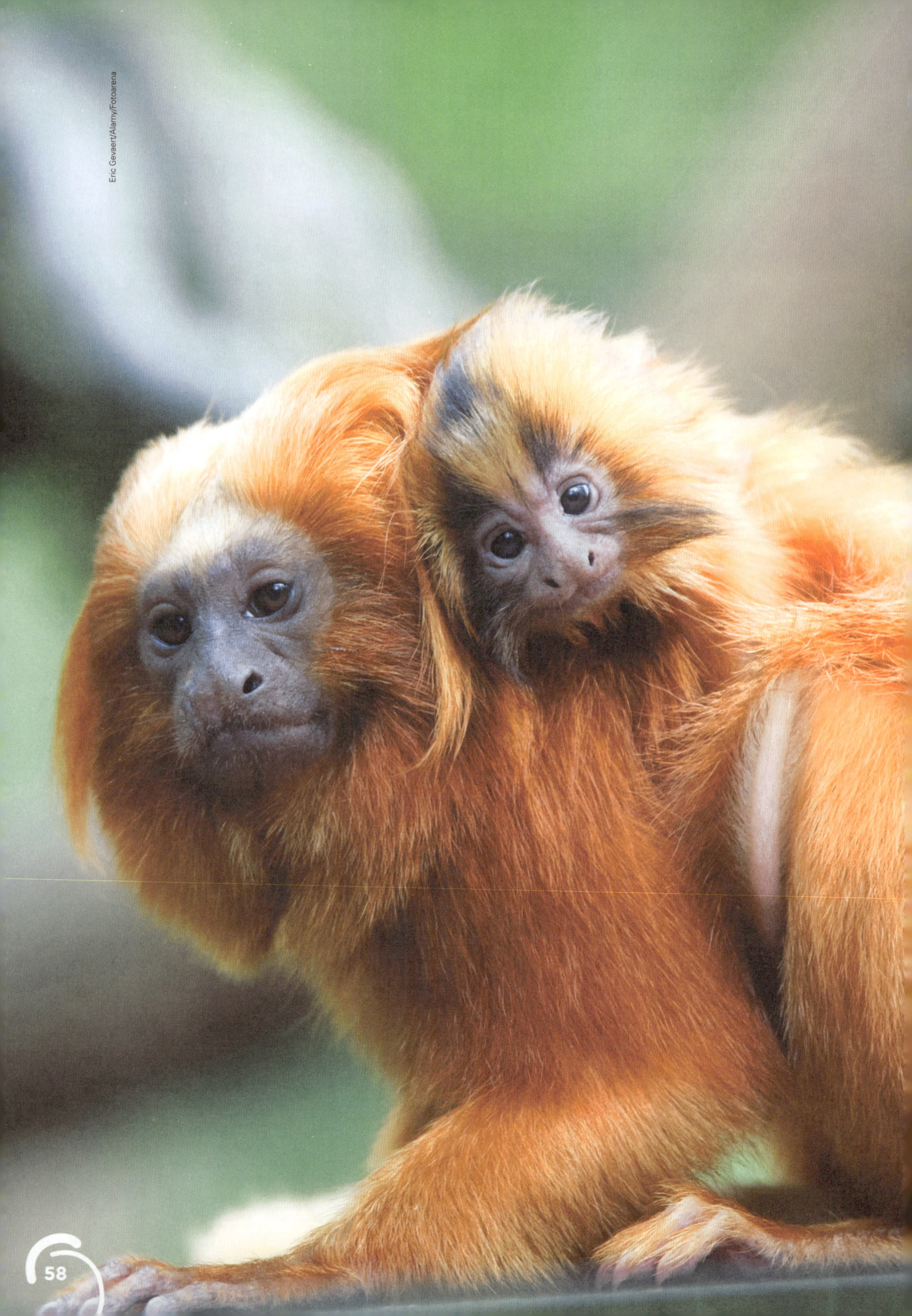
Eric Gevaert/Alamy/Fotoarena

CAPÍTULO 5

A reprodução dos animais

A reprodução é responsável pelo surgimento de novos indivíduos e é uma das etapas do ciclo de vida de todos os seres vivos. Existem diferentes formas de reprodução e neste capítulo vamos estudar algumas delas.

Para começo de conversa

1. Observe a imagem ao lado, que mostra um mico-leão-dourado com seu filhote. O que chama sua atenção nessa foto?

2. Como você imagina que os micos-leões-dourados se reproduzem?

3. Todos os animais nascem da mesma forma que os micos-leões-dourados? Explique.

4. Os micos-leões-dourados são animais ameaçados de extinção. De que maneira o conhecimento sobre a reprodução desses animais pode ajudar a protegê-los? Converse com os colegas.

Saber Ser

◂ Os filhotes do mico-leão-dourado recebem cuidados dos pais para crescer. Comprimento do mico-leão-dourado adulto: 25 cm.

Como os animais se reproduzem

A reprodução permite que os animais deixem descendentes, isto é, tenham filhotes. Assim, os animais permanecem no planeta.

Em geral, na reprodução dos animais há a participação de um macho e de uma fêmea. É o caso dos seres humanos. Porém, existem animais que podem se reproduzir de outras formas.

Reprodução com macho e fêmea

A reprodução da maioria dos animais depende do acasalamento entre o macho e a fêmea. O **acasalamento** é o modo como esses animais se unem no momento da reprodução.

Para atrair a fêmea, alguns machos fazem a **corte**, isto é, apresentam um comportamento especial. O pavão, por exemplo, abre as penas da cauda e começa a exibi-la diante da fêmea para chamar sua atenção.

A fêmea e o macho de alguns animais são muito diferentes. Mas existem casos em que é difícil perceber diferenças entre eles.

▲ Besouros acasalando. Nesse caso, o macho está sobre a fêmea. Comprimento: 1 cm.

▲ Pavão exibindo a cauda. Envergadura: 2 m.

▲ Casal de jandaias--verdadeiras. O macho e a fêmea dessa ave são muito parecidos. Altura: 30 cm.

Reprodução sem parceiro

Existem animais que conseguem se reproduzir sem precisar de um parceiro.

É o caso da estrela-do-mar, um animal marinho. Se seu corpo se partir, cada parte pode se recuperar e dar origem a outro animal inteiro.

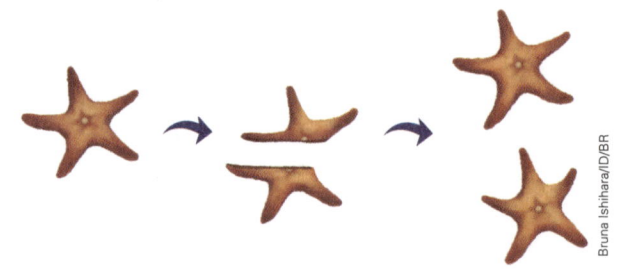

▲ Se uma estrela-do-mar se partir ao meio, cada metade poderá originar outro animal inteiro.

Como os animais nascem

Filhotes de diferentes animais podem nascer de diversas maneiras. Vejamos algumas a seguir.

Animais que nascem do corpo da fêmea

Os filhotes de alguns animais, como a anta, o tatu, a vaca, o ser humano e o burro, se desenvolvem dentro do corpo da fêmea até o momento do nascimento.

Quase todos os filhotes que nascem do corpo da fêmea recebem alimento e proteção dos pais por algum tempo, até poderem sobreviver sozinhos.

▲ Filhote de burro que acabou de sair do corpo da fêmea. Comprimento do burro adulto: 1,5 m.

Ao nascer, os filhotes dos mamíferos mamam o leite produzido no corpo da fêmea. É comum filhotes de mamíferos serem vigiados e cuidados pelos pais enquanto estão crescendo.

▲ O filhote da preguiça é carregado pela fêmea durante os primeiros meses de vida. Comprimento da preguiça adulta: 50 cm.

▲ A baleia-jubarte produz cerca de 200 litros de leite por dia para amamentar o filhote. Comprimento da baleia-jubarte adulta: 15 m.

Para explorar

Associação dos Amigos do Peixe-boi (Ampa).
Disponível em: http://www.ampa.org.br. Acesso em: 14 jan. 2021.
Esse *site* traz fotos, notícias e informações (como reprodução, alimentação, entre outras) de alguns animais encontrados no Brasil, como a lontra, a ariranha e o peixe-boi.

Animais que nascem de ovos

Há animais que se desenvolvem fora do corpo da fêmea, em ovos. As aves, muitos peixes, répteis, anfíbios e insetos são alguns exemplos.

Dentro dos ovos, há água e reserva de alimento, que o filhote consome durante seu desenvolvimento.

Ao nascer, alguns filhotes de animais que nascem de ovos já estão prontos para se alimentar sozinhos e se proteger no ambiente externo. É assim com as serpentes, os insetos e certos peixes.

▲ O percevejo põe muitos ovos, que formam um agrupamento bem unido. Comprimento do percevejo: 1 cm.

▲ As serpentes surucucu-pico-de-jaca nascem de ovos que têm uma casca mole. Comprimento da serpente: 20 cm.

Existem, porém, animais que cuidam dos ovos e também dos filhotes, mesmo depois que eles nascem. É o caso das aves, que aquecem os ovos com o calor do corpo e alimentam os filhotes depois do nascimento. Certos peixes e rãs protegem seus ovos para que não sejam comidos por outros animais.

▲ Filhote de galinha recém-saído do ovo. A fêmea cuida de seus filhotes após o nascimento. Altura: 9 cm.

▲ Ninho de tuiuiús com dois adultos cuidando de três filhotes. Altura do tuiuiú adulto: 1,2 m.

Ovos com casca, ovos sem casca

Muitos animais terrestres, como as aves e os répteis, põem ovos com casca. Os ovos com casca variam de tamanho e são resistentes contra batidas e contra a perda de água.

Anfíbios e peixes põem ovos **gelatinosos**, sem casca. Esses ovos ficam dentro da água, o que evita que sequem e os filhotes morram.

Gelatinoso: que tem consistência de gelatina.

▲ Ovos de galinha (brancos), de avestruz (maior) e de codorna (com manchas). Altura do ovo de avestruz: 13 cm.

▲ Aglomerado de ovos de anfíbios. Os sapos e as rãs põem ovos dentro da água. Largura do ovo: 3 mm.

1 Escreva o nome de dois animais que nascem do corpo da mãe e dois animais que nascem de ovos. Em que ambientes eles vivem?

2 A foto ao lado mostra peixes-palhaço colocando ovos sobre uma pedra.

- Você acha que esses ovos sobreviveriam fora da água? Converse com os colegas.

Peixes-palhaço depositando seus ovos em uma pedra. Comprimento: 10 cm.

3 Onde o filhote da galinha se desenvolve? Que cuidados ele recebe da mãe antes do nascimento? E depois? Converse com os colegas.

O desenvolvimento dos animais

Quando nascem, os filhotes de muitos animais são semelhantes aos adultos, mas com tamanho menor. São assim os bebês humanos e os filhotes de cavalo, de tartaruga e de ema, por exemplo. Com o tempo, eles crescem e se desenvolvem, tornando-se adultos.

▲ Os filhotes de ema são semelhantes aos adultos. O macho é quem cuida dos filhotes. Altura da ema adulta: 1,5 m.

Metamorfose

Alguns animais, porém, nascem completamente diferentes dos adultos. Ao longo do tempo, o corpo desses animais passa por grandes mudanças até chegar à fase adulta. Esse processo é chamado de **metamorfose**. É o caso dos sapos, das borboletas e dos mosquitos. Acompanhe a seguir a metamorfose de uma rã.

Metamorfose da rã

1 ▲ Rãs macho e fêmea acasalando na água. Nesse local, a fêmea da rã deposita os ovos. Comprimento da rã: 10 cm.

2 ▲ O filhote de rã que sai do ovo é chamado de **girino**. Ele vive na água, não tem patas e nada com a ajuda da cauda. Comprimento: 2 cm.

3 ▲ O corpo do girino passa por transformações. Ele cresce, suas patas surgem e sua cauda diminui, até desaparecer. Comprimento: 4 cm.

4 ▲ A rã começa a respirar pelos pulmões e passa a viver fora da água. Ao final da metamorfose, a rã se torna adulta. Comprimento: 5 cm.

Metamorfose da borboleta

1 Fêmea e macho acasalam.

2 Depois do acasalamento, a fêmea coloca ovos sobre uma planta.

Aumento de 10 vezes.

Aumento de 10 vezes.

3 Assim que sai do ovo, a lagarta começa a comer as folhas da planta onde está.

4 A lagarta come muito e pode dobrar de tamanho em um dia.

5 A lagarta passa para a fase de **pupa**, que ocorre dentro do casulo. Nessa fase, aparecem as asas.

6 No fim da metamorfose, a lagarta já se transformou em borboleta. Então, ela sai do casulo e se alimenta, principalmente, de néctar.

▲ Esquema do ciclo de vida da borboleta mostrando as etapas de acasalamento, de postura dos ovos, da metamorfose e do surgimento da borboleta adulta.

1 Complete o texto sobre a metamorfose das borboletas.

A lagarta nasce do _____ e se alimenta de _____.

Após a _____, transforma-se em borboleta, sai

do _____ e se alimenta de _____.

sessenta e cinco **65**

Vamos ler imagens!

Aedes aegypti na mira do microscópio de luz

Os microscópios de luz são instrumentos compostos de lentes de aumento. Por ampliar as imagens, os microscópios permitem aos cientistas enxergar detalhes de animais muito pequenos, como alguns invertebrados.

▲ Observação de mosquito *Aedes aegypti* em um microscópio de luz. Aumento de 8 vezes.

O material em observação pode ser um ser vivo ou alguma parte dele. Colocado sobre um suporte, o objeto de estudo é iluminado. O observador olha através de lentes que ampliam a imagem recebida pelos olhos e consegue visualizar o que antes não era visível.

▶ Observação de mosquito *Aedes aegypti* sem o uso de microscópio.

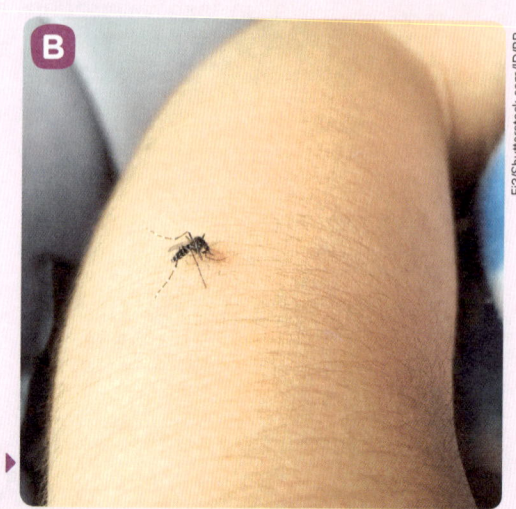

Agora que você já sabe como um microscópio de luz é utilizado, vamos analisar duas fotos do mesmo animal invertebrado em duas fases de sua etapa reprodutiva. Observe as imagens e leia as legendas.

C

▲ Ovos de mosquito *Aedes aegypti* vistos no microscópio de luz. Aumento de 20 vezes.

D

▲ Larva do mosquito *Aedes aegypti* vista no microscópio de luz. Aumento de 20 vezes.

Forme dupla com um colega para responder no caderno às questões a seguir.

Agora é a sua vez

1. Qual é o animal sendo observado na foto **A**? Como você obteve essa informação?

2. Se você fosse um cientista e tivesse de analisar detalhes da cabeça do mosquito, qual das fotos você observaria? Por quê?

3. As fotos **A**, **C** e **D** mostram o mesmo animal observado por meio de um microscópio de luz. Por que essas fotos são diferentes?

4. A fêmea do mosquito *Aedes aegypti* põe seus ovos na água. Dos ovos nascem larvas, que vivem na água e vão se transformar em mosquitos na fase adulta.

    a. Como se chama o processo em que a larva se transforma em um mosquito adulto?

    b. O mosquito *Aedes aegypti*, que transmite a dengue e outras doenças, é um animal terrestre. Como você explica o fato de uma das formas de combate ao mosquito ser eliminar focos de água parada?

Aprender sempre

1 Leia o trecho abaixo em voz alta e responda às questões.

Quem já viu sabe o quanto é bonita a luz de um vaga-lume na escuridão. Mas a capacidade de emitir luz desses insetos também é muito importante na reprodução. [...] machos e fêmeas [...] piscam bastante quando desejam acasalar [...].

Nesta conversa pisca-pisca, por vezes, ocorrem duelos entre machos que querem conquistar a mesma fêmea. Neste caso, a fêmea costuma escolher o macho que pisca com mais frequência e mais intensamente.

▲ Vaga-lume que pode ser encontrado em florestas brasileiras. Comprimento: 1,5 cm.

Luiz Felipe Lima da Silveira. Duelo de pisca-pisca. Revista *Ciência Hoje das Crianças*, Rio de Janeiro, SBPC, n. 235, p. 8, jun. 2012.

a. Sobre o que é esse texto? Conte a um adulto.

b. Um duelo é uma disputa. No caso do texto acima, como são os duelos entre os vaga-lumes machos? Qual é o motivo da disputa? Responda no caderno.

2 Observe os filhotes das fotos a seguir e responda às questões.

▲ Filhote de tartaruga-de-couro. Comprimento: 8 cm.

▲ Filhote de lobo-guará. Comprimento: 30 cm.

a. Esses animais nascem do mesmo modo? Explique.

b. Qual deles consegue sobreviver sem o cuidado dos pais logo que nasce?

3 Você conhece o papagaio-de-cara-roxa? Leia em voz alta o texto a seguir sobre essa ave.

Quando encontra a companheira ideal, o papagaio-de-cara-roxa [...] é fiel até a morte. [...]

O papagaio-de-cara-roxa vive em bandos nas florestas, preferindo as ilhas para repouso e reprodução. Seu ninho é feito no oco de árvores, onde o casal frequentemente fica junto. [...] Uma das causas que agrava o risco de extinção dessa espécie é o fato de se reproduzirem sempre na mesma árvore. Quando ela é derrubada, o casal geralmente não procria mais, diferente de outros animais que buscam novos ninhos.

[...]

▲ Papagaio-de-cara-roxa no galho de uma árvore. Altura: 35 cm.

Papagaio-de-cara-roxa escolhe companheira e ninho para a vida toda. Associação Mineira de Defesa do Ambiente (Amda), 9 fev. 2015. Disponível em: https://www.amda.org.br/index.php/comunicacao/especie-da-vez/2649-papagaio-de-cara-roxa-escolhe-companheira-e-ninho-para-a-vida-toda. Acesso em: 14 jan. 2021.

a. Como o papagaio-de-cara-roxa se reproduz? Escreva a frase do texto que comprova sua resposta.

b. Qual é a prática que aumenta o risco de extinção desse animal?

c. Que sugestão você daria às autoridades para preservar o papagaio-de-cara-roxa?

André Dib/Pulsar Imagens

CAPÍTULO 6

As plantas

As plantas estão em vários ambientes, tanto terrestres quanto aquáticos. Todas elas, sejam grandes, sejam pequenas, dependem de componentes do ambiente para viver.

Observe a foto ao lado e repare no tamanho das plantas. Essas plantas, encontradas na Amazônia, são as vitórias-régias e flutuam sobre a água.

Para começo de conversa

1. O que mais chamou sua atenção nas plantas da foto? Você já viu plantas semelhantes ou iguais a essas? Comente.

2. Pense em algumas plantas que você conheça e converse com um colega sobre as diferenças entre elas.

3. Os povos indígenas têm lendas sobre a origem da vitória-régia. Com a ajuda do professor, pesquise uma delas. Em uma folha de papel avulsa, faça um desenho que represente a lenda que você pesquisou.

Saber Ser

◀ As vitórias-régias cobrem parte da água de alguns rios na Amazônia, e os barcos e canoas passam entre as plantas. Careiro, Amazonas. Foto de 2020.

setenta e um 71

O ciclo de vida das plantas

Assim como outros seres vivos, as plantas nascem, crescem e se desenvolvem, podem se reproduzir e morrem.

A maioria das plantas nasce de uma semente, como as laranjeiras. Quando a semente cai no solo e encontra boas condições, ela se desenvolve em uma planta. Diferentemente dos animais, as plantas não precisam buscar alimento. Para sobreviver, elas precisam de luz, ar, água e sais minerais do ambiente.

▲ A laranja é o fruto da laranjeira. Dentro da laranja, estão as sementes, que podem originar novas plantas. Altura: 10 cm.

Ao atingir a fase adulta, a maioria das plantas pode produzir flores. As flores podem dar origem a frutos com sementes, e as sementes podem originar novas plantas. As plantas morrem depois de um tempo, completando seu **ciclo de vida**.

1 Destaque as figuras da página 167 e cole cada uma delas nos espaços a seguir, ordenando corretamente as fases do ciclo de vida da laranjeira.

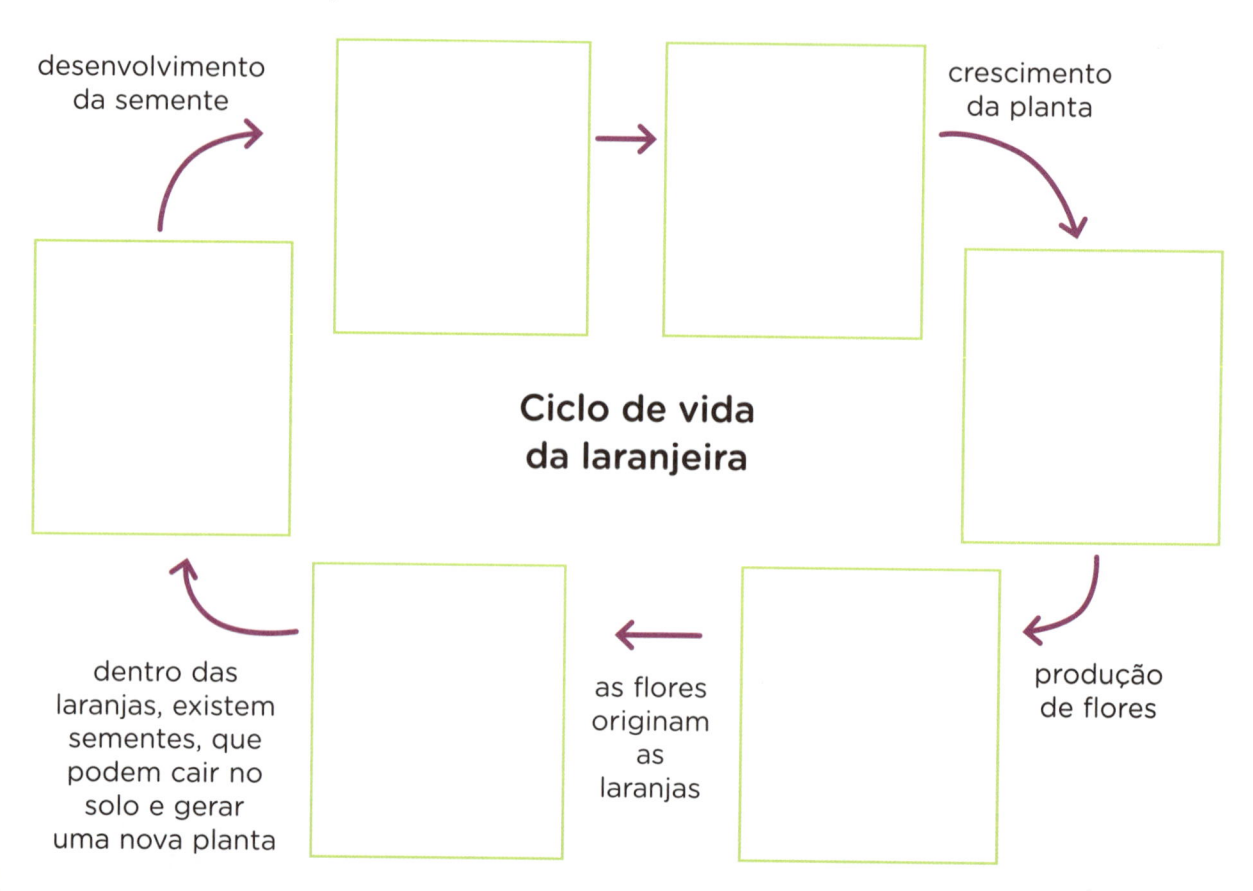

Ciclo de vida da laranjeira

- desenvolvimento da semente
- crescimento da planta
- produção de flores
- as flores originam as laranjas
- dentro das laranjas, existem sementes, que podem cair no solo e gerar uma nova planta

Na prática

Germinação do feijão e do alpiste

As sementes de feijão e de alpiste têm formas e cores diferentes. Mas será que o desenvolvimento delas é igual? Nesta atividade, vamos comparar alguns aspectos da germinação dessas sementes.

Você vai precisar de:
- sementes de feijão e de alpiste
- dois copos de plástico transparente
- água
- papel-toalha
- régua

Como fazer

1. Forre o interior dos copos com um pedaço de papel-toalha dobrado ao meio.
2. Coloque pedaços de papel-toalha amassados dentro dos copos.
3. Em um dos copos, coloque quatro sementes de feijão entre as laterais do copo e o papel. Deixe espaços entre as sementes. No outro copo, repita o procedimento com quatro sementes de alpiste.
4. Coloque água nos copos, tomando cuidado para que a água não cubra as sementes. Mantenha os dois copos em um mesmo local.
5. No caderno, anote a data da montagem do experimento e o que você observou.

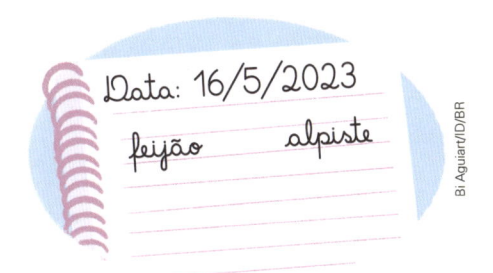

Data: 16/5/2023

feijão   alpiste

6. Observe as sementes nos dias seguintes, sempre no mesmo horário, até notar o início da germinação.
7. Faça um desenho das sementes germinando e registre no caderno tudo o que você observar.
8. Com a régua, meça o tamanho das estruturas formadas e anote.

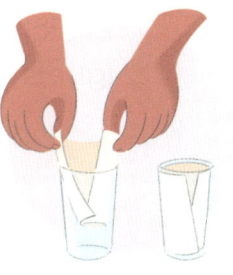

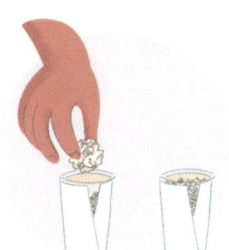

9. Depois que os dois copos tiverem sementes germinando, faça observações a cada três dias, durante duas semanas. Ao fazer as observações, adicione água aos copos.

10. Anote no caderno o que você observou sobre o desenvolvimento das plantas e faça desenhos. Observe aspectos como o formato e o número de folhas, além de medir com a régua o tamanho aproximado da raiz e do caule.

Para finalizar

1. Compare a resposta que você deu à pergunta apresentada no início desta seção com os resultados que você obteve. Eles são iguais? Sua suposição inicial foi confirmada pelo experimento?

2. Compare o desenvolvimento das duas sementes de acordo com:

   a. o formato e o número de folhas da planta formada;

   b. o tamanho da planta formada;

   c. o formato da raiz;

   d. o tempo para cada semente germinar.

3. Como a reprodução do feijoeiro ocorre? E a do alpiste? Eles nascem e crescem a partir de qual parte?

4. As plantas cresceram nas mesmas condições? Explique.

Os grupos de plantas

Como vimos, a maior parte das plantas pode produzir sementes em algum momento da vida. Alguns exemplos são a laranjeira, a paineira, a araucária e o coqueiro. No entanto, há plantas, como as samambaias, que não produzem sementes. Segundo esse critério, as plantas se dividem em dois grupos, descritos a seguir.

Plantas sem sementes

Nesse grupo, estão as plantas que não produzem sementes, flores e frutos, como as **samambaias**, as **samambaiaçus**, as **avencas** e os **musgos**.

Os musgos são plantas muito pequenas encontradas em locais úmidos. Eles podem crescer sobre o solo, rochas ou troncos de árvores.

As samambaias e as avencas vivem, geralmente, em locais frescos e sombreados. Muitas samambaias têm folhas grandes e delicadas e caule rasteiro, ou seja, que cresce próximo ao solo.

▲ Musgos podem crescer sobre rochas úmidas. Altura: 1 cm.

▲ Em matas úmidas, é comum encontrar samambaias próximas ao solo. Altura da samambaia: 60 cm.

Plantas com sementes

Nesse grupo, estão as plantas que podem produzir sementes. Algumas produzem também flores e frutos.

Existe uma variedade imensa de plantas que podem produzir sementes. O **coqueiro**, a **grama**, o **feijoeiro** e a **goiabeira**, por exemplo, estão nesse grupo, ainda que sejam muito diferentes entre si.

fruto   semente

▲ Os abacates são os frutos do abacateiro e têm uma semente em seu interior. Comprimento do fruto: 15 cm.

Plantas com sementes "nuas"

Existem plantas que produzem sementes, mas não desenvolvem frutos, como **pinheiros**, **ciprestes**, **cicas** e **araucárias**. Como as sementes não são envolvidas por frutos, dizemos que essas plantas apresentam sementes nuas.

Nu: sem cobertura.

As sementes da araucária são os pinhões. Unidos e presos uns aos outros, os pinhões formam uma estrutura chamada pinha. Não existe fruto ao redor dos pinhões.

▲ A semente da araucária é o pinhão. Altura: 20 m.

▲ As cicas produzem sementes, mas não frutos. Altura: 1 m.

Plantas com sementes envolvidas por frutos

Muitas plantas produzem frutos, estruturas que protegem as sementes. Há frutos com muitas sementes, como o mamão, e frutos com apenas uma semente, como o abacate.

Alguns frutos são suculentos, como a laranja, o tomate e o abacate. Outros são secos, como os do jacarandá-mimoso, do ipê e do feijoeiro. Plantas que têm frutos também produzem flores.

▲ O mamão, fruto do mamoeiro, é suculento e com muitas sementes. Comprimento: 15 cm.

▲ Os frutos do jacarandá-mimoso são secos. Quando estão maduros, eles se abrem e liberam as sementes. Comprimento: 5 cm.

A vida das plantas

As plantas respiram, transpiram e precisam de água e de alimento para sobreviver, assim como os animais. Porém, ao contrário dos animais, as plantas são capazes de produzir o próprio alimento usando alguns componentes do ambiente.

A fotossíntese

A **fotossíntese** é um processo pelo qual a planta produz o alimento de que necessita. Esse processo não ocorre nos animais.

Para que a fotossíntese aconteça, a planta precisa de **luz**, **água** e **gás carbônico**. Quando algum desses componentes não está disponível, a planta não sobrevive.

A luz é absorvida por um **pigmento**, que dá a cor verde às plantas e está presente principalmente nas folhas. A água é absorvida pelas raízes. O gás carbônico é absorvido pelas folhas diretamente do ar.

Pigmento: substância que dá cor a algo.

Durante a fotossíntese, a planta libera gás oxigênio no ambiente. O gás oxigênio é usado na respiração das próprias plantas e de outros seres vivos, como os animais.

1 Com base no texto acima, escreva o termo que completa corretamente cada quadro em branco da ilustração abaixo.

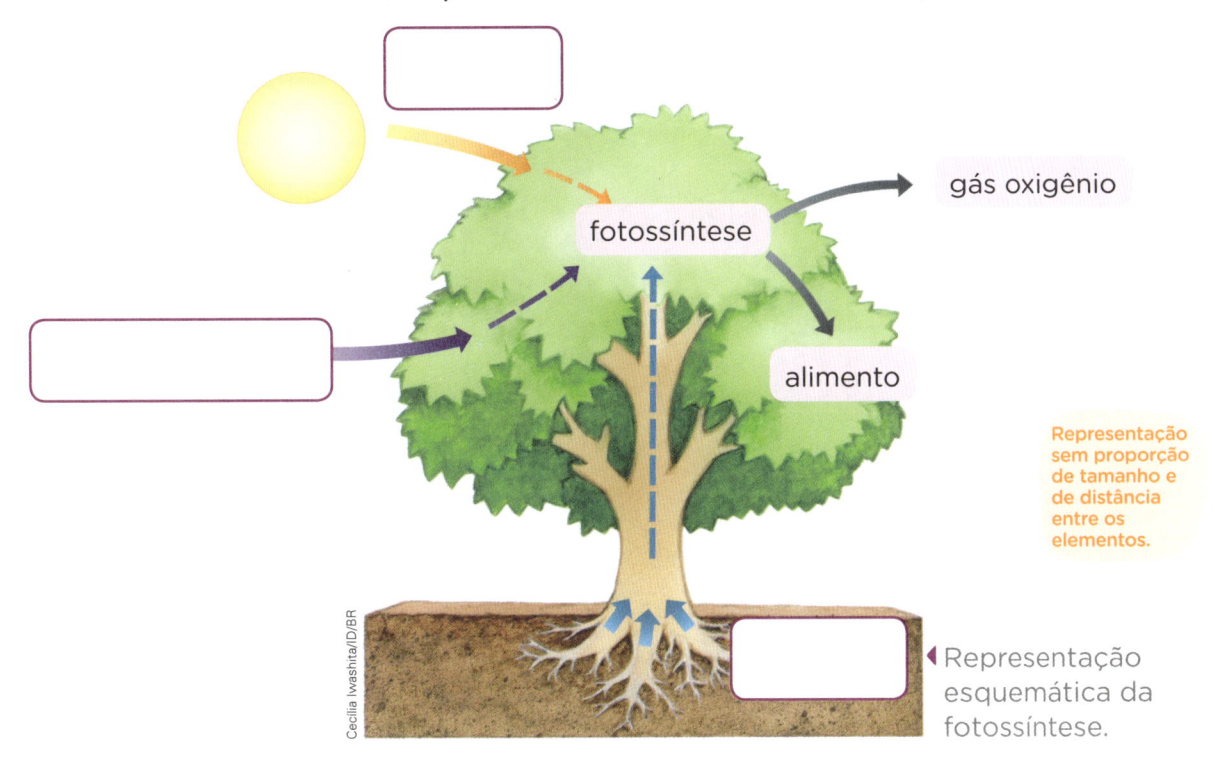

Representação sem proporção de tamanho e de distância entre os elementos.

◀ Representação esquemática da fotossíntese.

Reserva de alimento

Parte do alimento que as plantas produzem pode ser armazenada nas raízes, nos caules e nos frutos. Essa reserva, rica em energia, é usada pelas próprias plantas e pelos animais que se alimentam delas. Cenoura, beterraba e mandioca são exemplos de plantas que têm reservas nutritivas muito apreciadas pelos seres humanos.

▲ As raízes de muitas espécies de plantas, como a batata-doce (**A**) e a mandioca (**B**), armazenam parte do alimento produzido na fotossíntese. Comprimento da raiz da batata-doce: 20 cm. Comprimento da raiz da mandioca: 30 cm.

A respiração

Assim como os animais, as plantas respiram o tempo todo. Durante a respiração, elas usam o **gás oxigênio** do ambiente.

As plantas terrestres retiram o gás oxigênio do ar, e as plantas aquáticas usam o gás oxigênio dissolvido na água.

▶ A elódea é uma planta aquática comum em aquários. Para respirar, ela usa o gás oxigênio dissolvido na água. Altura da elódea: 20 cm.

Para explorar

Mandioca: beiju, biscoitos e brinquedos.
Disponível em: http://www.disquequilombola.com.br/quilombola/mandioc/. Acesso em: 15 jan. 2021.
Leia o texto para saber a importância da mandioca para muitas comunidades quilombolas.

A transpiração

Você já percebeu que em locais onde há muitas plantas, como matas e parques, o ar é mais úmido e fresco? É que, ao **transpirar**, as plantas eliminam vapor de água. E a umidade do ar aumenta quando existe maior quantidade de vapor de água livre no ambiente. Por isso, sentimos a sensação de frescor e de umidade em ambientes onde há muita vegetação. Vamos entender melhor como a transpiração acontece?

A água absorvida pelas raízes é transportada pelo caule e é então distribuída por toda a planta. Ao percorrer esse caminho, parte da água é usada na fotossíntese. Outra parte é perdida para o ambiente, na transpiração, principalmente através das folhas.

▲ Representação esquemática da transpiração em uma árvore, processo que libera água em forma de vapor (invisível).

Representação sem proporção de tamanho e de distância entre os elementos.

2. Estas fotos mostram dois ambientes. Em qual deles o ar deve ser mais úmido e fresco? Por quê? Responda no caderno.

▲ Bosque Rodrigues Alves em Belém, Pará. Foto de 2018.

▲ Tráfego de veículos em Salvador, Bahia. Foto de 2019.

Aprender sempre

1 Leia para um adulto um trecho do poema "Rimas saborosas" e responda às questões no caderno.

[...]
Feijão-branco na salada
Para dar disposição
Pra fazer a feijoada
Feijão-preto de montão.
[...]
Também tem feijão-de-corda
Que é o mesmo que o fradinho
O *moyashi* e o rajado
Feijão jalo e o roxinho
[...]

▲ Vários tipos de feijão.

César Obeid. *Rimas saborosas*. São Paulo: Moderna, 2009. p. 28.

a. O feijão corresponde a que parte da planta?

b. Você conhece alguns dos diferentes tipos de feijão citados no texto? Se sim, quais?

2 As imagens abaixo representam plantas pertencentes a dois grupos de planta que você estudou. Complete a tabela de acordo com as características de cada grupo.

Representação sem proporção de tamanho entre os elementos.

	Araucária	Laranjeira
Nome		
Há flor?		
Há fruto?		
Há semente?		

• Quais partes dessas plantas são comestíveis?

3 Dois vasos com plantas iguais receberam, diariamente, a mesma quantidade de água. Um deles foi mantido em local ensolarado e o outro foi guardado em um armário fechado.

As imagens ao lado são dos dois vasos alguns dias depois.

- Qual dos dois vasos ficou dentro do armário? Como você chegou a essa conclusão? Responda no caderno.

4 As ilustrações abaixo são de partes de plantas.

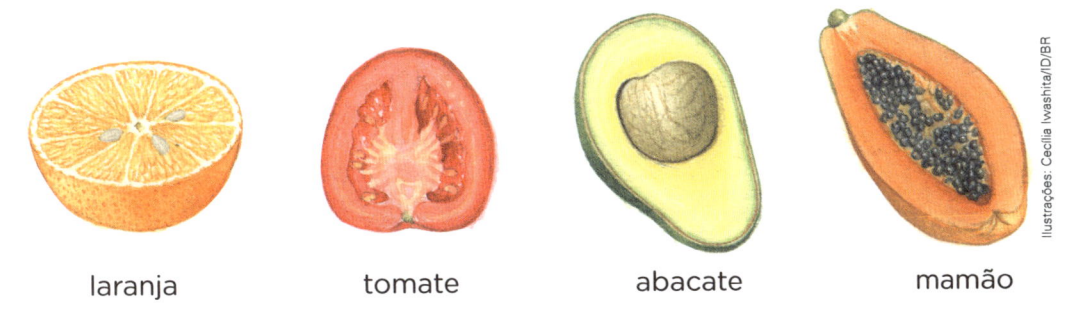

laranja   tomate   abacate   mamão

a. Quais partes das plantas estão representadas nas ilustrações?

_____

b. Como você faria para ter um abacateiro em seu quintal?

_____

_____

c. De quais componentes do ambiente o abacateiro vai precisar para crescer?

_____

d. Por que é importante plantar árvores?

_____

_____

_____

oitenta e um **81**

1 A árvore adulta produz flores.

2 Grãos de pólen ficam aderidos ao corpo das abelhas que visitam as flores, e elas os transportam para outras flores, auxiliando a formação de sementes e frutos.

6 A planta jovem cresce até virar uma árvore adulta.

5 Algumas sementes que as cutias guardam no solo para comer depois acabam germinando.

4 As cutias conseguem abrir os frutos e as sementes da castanheira.

CAPÍTULO 7

As plantas se reproduzem

No ciclo de vida das plantas, a reprodução permite a formação de novas plantas e a utilização de suas partes por outros seres vivos, na alimentação, por exemplo.

Observe, na imagem ao lado, o ciclo da vida de uma castanheira.

Para começo de conversa

1. Que partes da planta você identifica nessa imagem?

2. As sementes dessa árvore servem de alimento para o ser humano e outros animais. Que outras plantas com sementes você conhece?

3. A coleta das sementes da castanheira é feita por pessoas que vivem na floresta e conhecem o ciclo de vida dessa árvore. Como esse saber colabora para que a coleta continue gerando renda e para a conservação da floresta? Converse com os colegas.

Saber Ser

3 — Os frutos maduros com as sementes caem no solo.

◀ Fases da vida da castanheira (*Bertholletia excelsa*), árvore da floresta Amazônica. Representação sem proporção de tamanho e de distância entre os elementos.

oitenta e três 83

A reprodução das plantas

Como já vimos, as plantas têm um ciclo de vida: elas nascem, crescem e se tornam adultas, podem se reproduzir e morrem. Algumas delas, como o feijoeiro e o jequitibá, se reproduzem de sementes. Outras, como a cana-de-açúcar e a violeta-africana, podem se reproduzir a partir de outras partes da planta, como o caule e as folhas.

1. A tipuana é uma das maiores árvores brasileiras. Leia em voz alta o texto abaixo sobre as sementes. Depois, observe as imagens e responda às questões no caderno.

> No jardim, o homem dá uma mãozinha: escolhe o melhor local, prepara o solo, abre um berço com capricho e deposita os grãos com todo o cuidado. Na natureza, as sementes não contam com essa moleza toda: de carona com mamíferos e aves e até no embalo do vento e da água, elas se viram como podem para chegar a um lugar onde seja possível germinar com saúde. [...]

▲ Tipuana. Altura da árvore: 40 m. Comprimento do fruto: 4 cm.

Ana Luísa Vieira. A semente pede carona. *Revista Natureza*, 19 out. 2017. Disponível em: https://revistanatureza.com.br/a-semente-pede-carona/. Acesso em: 14 maio 2021.

a. Como as sementes se espalham na natureza? Explique.

b. Com a ajuda do professor, pesquise quais características dos frutos da tipuana permitem que eles, junto com as sementes, sejam carregados pelo vento.

Reprodução sem sementes

Você já viu alguém plantar uma folha e dela nascer uma nova planta? Experimente fazer **brotar** uma folha de violeta-africana em um copo com água. Observe que, depois de certo tempo, surgem raízes, e uma nova planta começa a crescer. Veja as imagens a seguir.

Brotar: desenvolver-se, nascer.

◀ As folhas da violeta-africana podem brotar e dar origem a novas plantas. Comprimento da folha: 15 cm.

raízes

Há plantas que podem se reproduzir de pedaços do caule ou da raiz. Veja alguns exemplos.

▲ A cana-de-açúcar pode se reproduzir de pedaços do próprio caule.

▲ Novas plantas de batata-doce são obtidas de pedaços de raízes.

1 Observe, na ilustração, duas formas de reprodução das plantas e identifique cada uma delas nas linhas abaixo.

Na prática

Brotar batatas em garrafas

Será que a batata se reproduz sem sementes? Vamos verificar com a atividade a seguir.

Você vai precisar de:
- uma garrafa de plástico de 2 litros
- quatro gravetos ou palitos de churrasco sem ponta
- uma batata
- água
- tesoura com pontas arredondadas

Como fazer

1. Peça a um adulto que corte a garrafa ao meio e espete a batata com os palitos.

   Os palitos devem ficar com a mesma distância uns dos outros. Para ter certeza de que os palitos estão espetados firmemente, suspenda a batata, segurando pelos palitos, e verifique se eles não se soltam.

2. Você vai usar a parte de baixo da garrafa como um vaso. Encha essa parte da garrafa com água até três dedos abaixo da abertura e coloque a batata dentro. Os palitos devem ficar apoiados na boca da garrafa, e uma parte da batata deve encostar na água.

3. No caderno, elabore uma tabela seguindo o modelo abaixo. A cada três dias, observe e registre o que acontece com a batata.

Atenção! Tome cuidado com as bordas da garrafa, que podem ser cortantes.

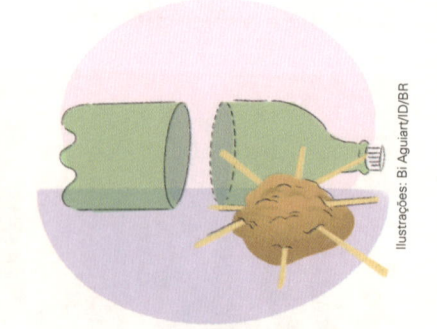

Ilustrações: Bi Aguiar/ID/BR

Data	Observações

86 oitenta e seis

4. Desenhe, no quadro abaixo, as mudanças que você observou na batata ao final do experimento.

Para finalizar

1 Que tipo de reprodução acontece no experimento com a batata?

_____

2 Nesse experimento, a partir de qual parte a planta se reproduz?

_____

3 Caso você queira obter novas batatas a partir dessa batata usada no experimento, o que você deve fazer depois de algum tempo?

_____

_____

Para explorar

***Frutas: onde elas nascem?*, de Sonia Tucunduva Philippi. Editora Amarilys.**

Nesse livro, Isadora e Valentin passeiam pelo pomar e entram no mundo mágico e delicioso das frutas brasileiras. São apresentados de forma divertida para as frutas coloridas, doces e azedinhas no lugar onde elas nascem.

Reprodução com sementes

Vimos que muitas plantas se reproduzem das sementes. Mas de onde vêm essas sementes? Vamos acompanhar a seguir.

Partes da flor

As flores participam da primeira etapa da reprodução de muitas plantas. São elas que dão origem aos frutos e às sementes. Observe, abaixo, a imagem de uma flor representada em corte.

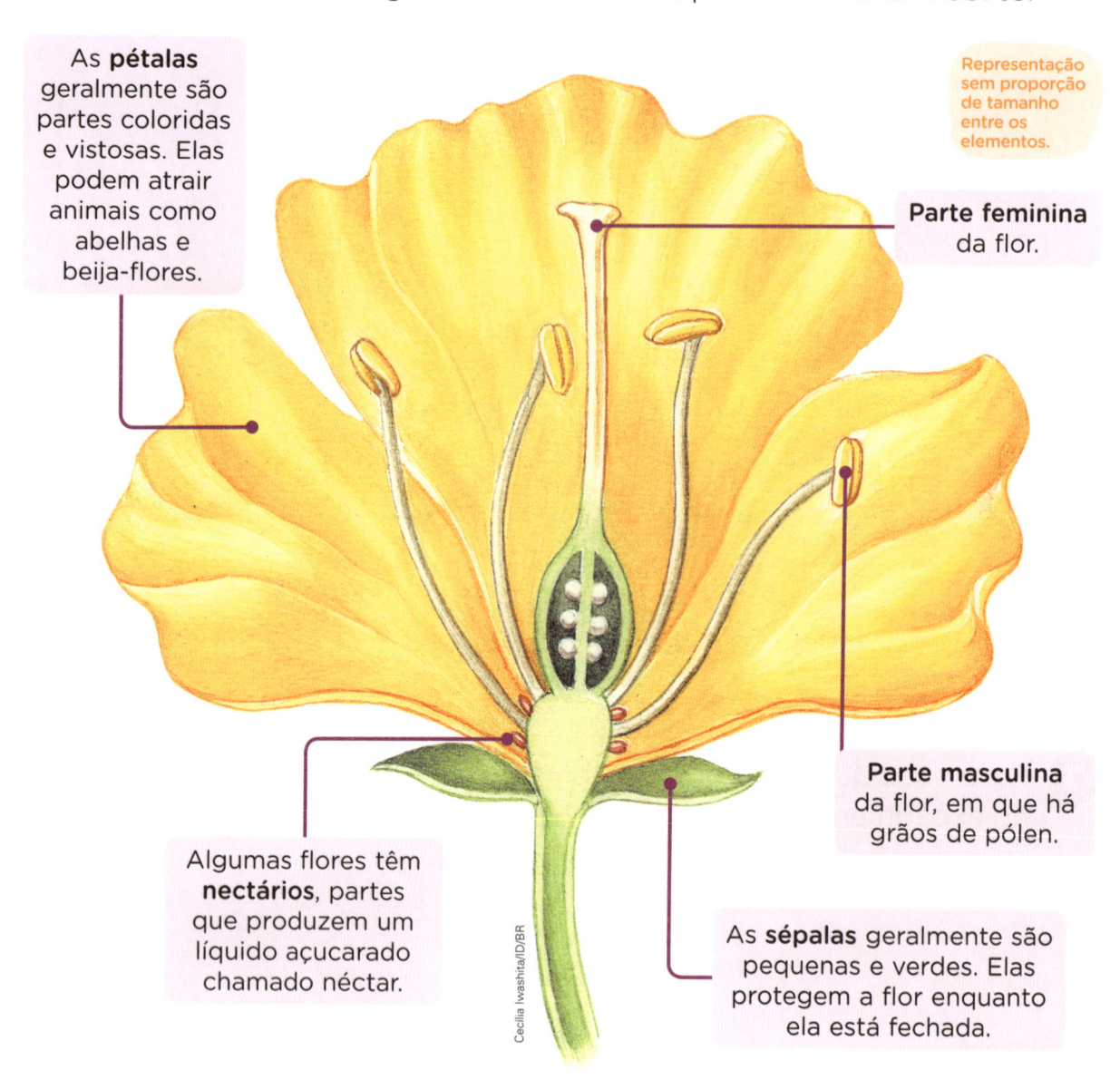

As **pétalas** geralmente são partes coloridas e vistosas. Elas podem atrair animais como abelhas e beija-flores.

Representação sem proporção de tamanho entre os elementos.

Parte feminina da flor.

Algumas flores têm **nectários**, partes que produzem um líquido açucarado chamado néctar.

Parte masculina da flor, em que há grãos de pólen.

As **sépalas** geralmente são pequenas e verdes. Elas protegem a flor enquanto ela está fechada.

Cecília Iwashita/ID/BR

▲ Representação esquemática de uma flor em corte.

Apenas as partes femininas e masculinas participam diretamente da reprodução. As outras partes protegem a flor ou atraem animais para ela, ajudando na reprodução da planta.

Polinização

A parte masculina da flor produz pequenos grãos, chamados **grãos de pólen**. Para que a semente se forme, é preciso que os grãos de pólen sejam transportados da parte masculina até a parte feminina da flor.

O transporte de grãos de pólen da parte masculina até a parte feminina da flor é chamado **polinização**.

▲ Grãos de pólen produzidos na parte masculina da flor.

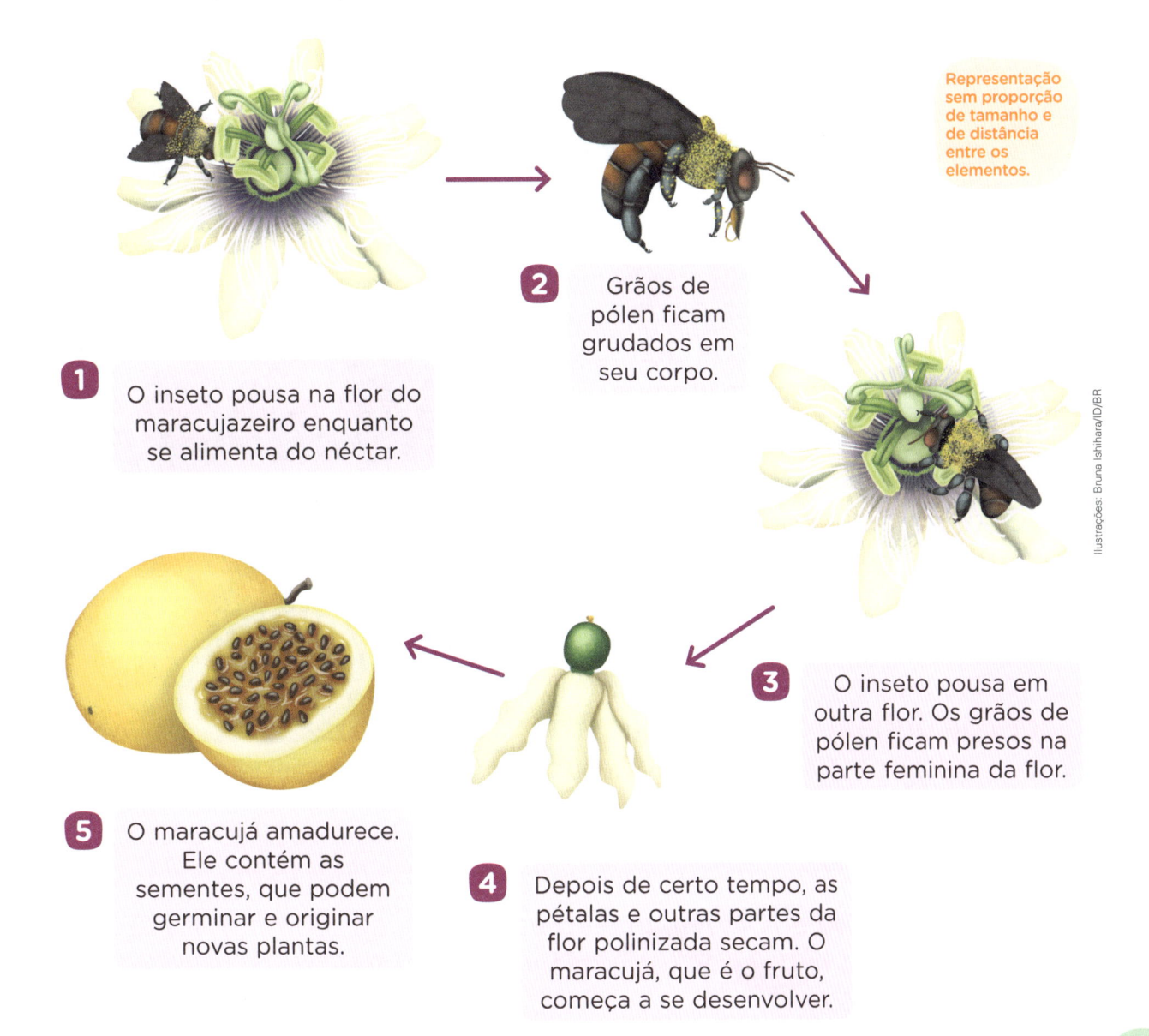

Representação sem proporção de tamanho e de distância entre os elementos.

1 O inseto pousa na flor do maracujazeiro enquanto se alimenta do néctar.

2 Grãos de pólen ficam grudados em seu corpo.

3 O inseto pousa em outra flor. Os grãos de pólen ficam presos na parte feminina da flor.

4 Depois de certo tempo, as pétalas e outras partes da flor polinizada secam. O maracujá, que é o fruto, começa a se desenvolver.

5 O maracujá amadurece. Ele contém as sementes, que podem germinar e originar novas plantas.

A polinização pode ser realizada pelo vento ou por animais, como insetos, beija-flores e morcegos. Os animais polinizadores se deslocam de flor em flor em busca de certas substâncias, como o néctar. Enquanto fazem isso, levam os grãos de pólen de uma flor a outra.

▲ Enquanto o beija-flor se alimenta do néctar da flor, ele deixa grãos de pólen na parte feminina, polinizando-a. Comprimento do beija-flor: 10 cm.

◀ Flores pouco vistosas, como as flores do milho, têm seu pólen espalhado pelo vento. Altura da planta: 2 m.

Como as sementes se espalham

Algum tempo depois da polinização, as pétalas e outras partes da flor murcham e caem. A parte feminina se desenvolve e dá origem ao fruto. Dentro dele estão as sementes.

Quando os frutos estão maduros, as sementes em seu interior estão prontas para dar origem a uma nova planta. Algumas sementes se desenvolvem perto da planta de origem, como acontece com a mamona. Outras são levadas para longe, carregadas pelo vento, como acontece com a espatódea.

▲ Quando está maduro, o fruto da mamona se abre e lança as sementes ao chão. Largura do fruto: 2 cm.

◀ Depois que o fruto seco da espatódea se abre, as sementes são dispersas pelo vento. Comprimento do fruto: 25 cm.

Algumas sementes são, ainda, espalhadas por animais. Veja alguns exemplos abaixo.

▲ A cutia come frutos carnosos, e as sementes são eliminadas em suas fezes. Ao se deslocar, a cutia espalha essas sementes. Comprimento da cutia: 50 cm.

▲ O fruto do carrapicho apresenta muitos espinhos, que grudam no corpo de animais ou na vestimenta de pessoas. Assim, suas sementes são levadas para longe. Largura do fruto: 1 cm.

Surgimento de uma nova planta

Nem todas as sementes produzidas dão origem a novas plantas. Algumas sementes não encontram condições adequadas no ambiente para germinar.

Para dar origem a uma nova planta, a semente precisa de gás oxigênio, água e temperatura adequada.

Quando a semente está em um ambiente com essas condições, ela pode se desenvolver. O desenvolvimento da semente em uma nova planta é chamado **germinação**.

▲ Em geral, a raiz é a primeira parte que se desenvolve em uma planta. Comprimento da semente: 5 mm.

▲ As sementes contêm uma reserva de alimento que é usada pela planta nos primeiros dias após a germinação. Comprimento da semente: 8 mm.

▲ Depois que a reserva nutritiva acaba, as plantas jovens são capazes de produzir o próprio alimento pela fotossíntese. Altura: 10 cm.

1 Além da polinização, de que outro modo os animais podem participar da reprodução das plantas?

Pessoas e lugares

Alimento e cura: pecuaristas familiares e as plantas

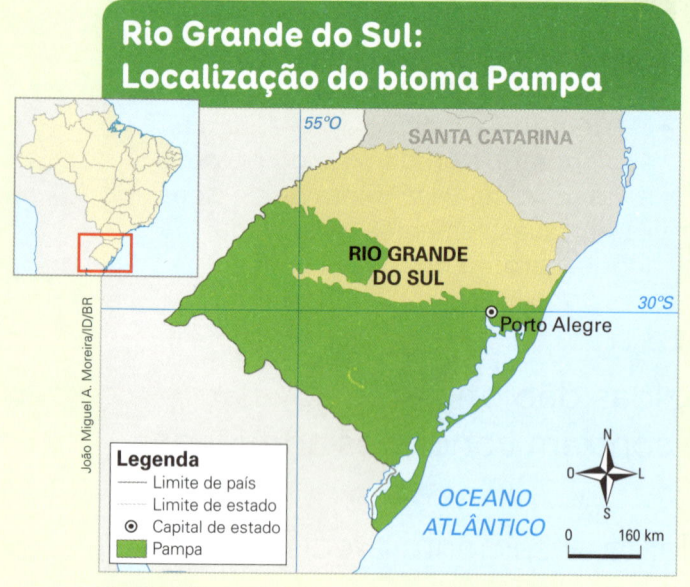

Rio Grande do Sul: Localização do bioma Pampa

Fonte de pesquisa: *Meu 1º atlas*. Rio de Janeiro: IBGE, 2012. p. 120.

▲ Pecuaristas familiares que vivem no Pampa. Município de Quaraí, Rio Grande do Sul. Foto de 2016.

Bombacha: calça larga, abotoada no tornozelo.
Poncho: espécie de capa de lã grossa vestida pela cabeça e apoiada sobre os ombros.

No estado do Rio Grande do Sul, na região do Pampa, vivem muitas comunidades tradicionais. Entre elas estão as comunidades conhecidas como **pecuaristas familiares**. Elas têm um modo de vida relacionado à criação de animais em campo nativo e ao plantio de roças, principalmente para consumo familiar.

As principais expressões culturais dessas comunidades estão relacionadas ao convívio diário com o cavalo e o gado. Para lidar com os animais, usam vestimentas como **bombachas**, **ponchos** e chapéus. Diariamente, tomam o tradicional chimarrão, bebida preparada com erva-mate moída e colocada em uma cuia com água quente.

As plantas são também muito importantes no cotidiano dessas comunidades. A diversidade de alimentos obtidos no plantio das roças contribui para a manutenção de uma alimentação equilibrada e saudável. Sobre isso, leia o relato na página a seguir.

[...] A base da alimentação da gente aqui é campeira. De manhã, é o café e o pão feito em casa, de meio-dia, é arroz, feijão, alguma verdura que a gente colhe e a carne. [...] Plantávamos o milho catete, colhia e fazia no pilão pra fazer o bolinho de milho, fazer angu... fazíamos a canjica temperada com mel. [...] A gente tem as frutas nativas: a pitanga, o guabiju, o butiá... [...]

> Juliana Mazurana, Jaqueline Evangelista Dias e Lourdes Cardozo Laureano. *Povos e comunidades tradicionais do Pampa*. Porto Alegre: Fundação Luterana de Diaconia, 2016. p. 85-86. Disponível em: https://fld.com.br/wp-content/uploads/2019/06/Livro-povos-e-comunidades-tradicionais-do-pampa.pdf. Acesso em: 18 jan. 2021.

▶ Diversidade de milhos cultivados pela comunidade.

◀ Paisagem do Pampa no Rio Grande do Sul. Município de Santana do Livramento. Foto de 2020.

Nos campos nativos, existem muitos tipos de plantas, como o capim-caninha e o rabo-de-burro. Elas servem de pastagem, alimento para os animais. Plantas medicinais também crescem nos campos e nos capões de mata. São exemplos o alecrim-do-campo, o cabelo-de-porco e a coronilha. Tanto essas quanto as plantas cultivadas são usadas no preparo de chás e de remédios caseiros para o tratamento de males diversos.

1 Converse com os colegas e diga de que traço cultural de pecuaristas familiares vocês mais gostam.

2 As plantas são parte importante do cotidiano dessas comunidades? Justifique com base no texto.

3 Com a ajuda do professor, pesquise que outros povos e comunidades tradicionais vivem no Pampa, além de pecuaristas familiares.

Aprender sempre

1 Leia o texto abaixo para um adulto da sua casa e responda às questões.

Parceria na natureza

[...] Na polinização, os morcegos visitam diversas flores em uma mesma noite à procura de néctar (ou pólen, em alguns casos), carregando os grãos de pólen de uma [flor] a outra [...]. Essa interação é muito importante para o processo de reprodução [...] de algumas espécies vegetais [...].

Dispersão de sementes e a fertilização das florestas. Ambientebrasil. Disponível em: http://ambientes.ambientebrasil.com.br/natural/artigos/dispersao_de_sementes_e_a_fertilizacao_das_florestas.html. Acesso em: 18 jan. 2021.

a. Por que os morcegos visitam diversas flores em uma mesma noite?

_____

b. Por que as plantas também dependem dos morcegos?

_____

_____

c. Elabore uma resposta no caderno explicando: Por que o título do texto é "Parceria na natureza"? Qual é a importância desse tipo de parceria? Depois, leia sua resposta para um adulto da sua casa.

2 As fortes chuvas da primavera derrubaram quase todas as flores da plantação de pêssegos. Como será a colheita de pêssegos deste ano? Responda no caderno.

3 Observe a imagem. Como você explicaria a essas crianças o que aconteceu? Converse com os colegas.

> Engraçado... ninguém plantou nada nesta área. Como esta planta chegou aqui?

4 As fotos a seguir mostram a formação do fruto da aboboreira. Relacione cada foto à legenda mais adequada.

flor
fruto

O fruto se desenvolveu e dentro dele estão as sementes. Onde existia a flor, que murchou e secou, ficou uma marca.

fruto
flor

A flor da aboboreira já foi polinizada, e esse acontecimento deu início à formação do fruto.

flor
fruto

Nessa foto, o fruto está se desenvolvendo e a flor está murchando.

a. Por que podemos afirmar que a flor da aboboreira foi polinizada?

b. Por quais transformações o fruto passa enquanto se desenvolve? O que acontece com a flor durante esse processo?

noventa e cinco **95**

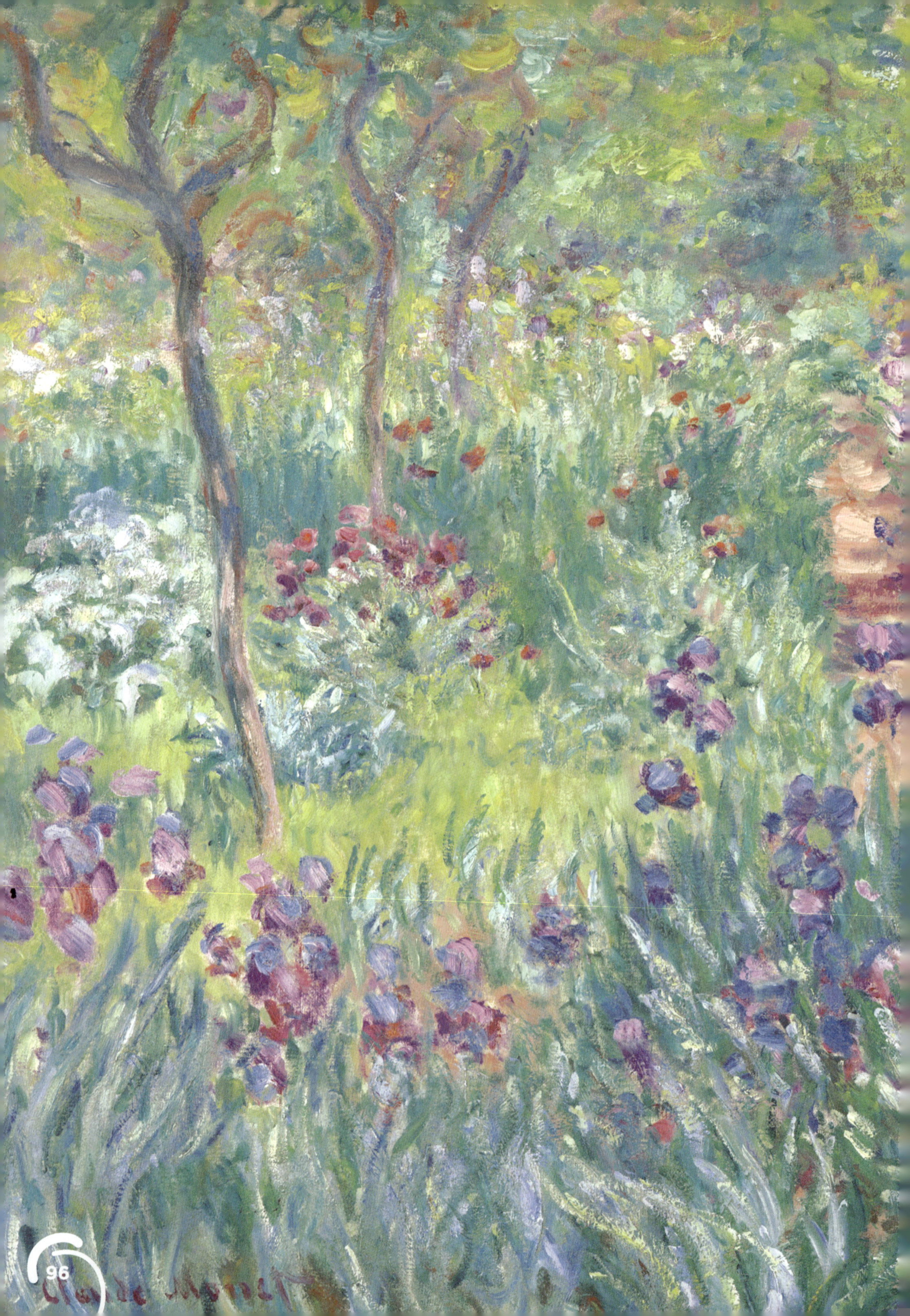
Claude Monet

CAPÍTULO 8

A importância das plantas

Jardins costumam apresentar plantas com flores coloridas e árvores frutíferas. Muitos animais se alimentam de partes das plantas ou se abrigam nelas.

Para os seres humanos, as plantas também são fonte de alimento, além de fornecer materiais para a fabricação de produtos.

Para começo de conversa

1. Que animais você acha que poderiam viver no jardim ao lado?

2. O que aconteceria com os animais que você citou na atividade anterior, se as plantas desse jardim sumissem?

3. Para muitas pessoas, pintar ou desenhar é uma atividade relaxante. Como você se sente quando está desenhando ou pintando algo? Comente.

Saber Ser

◀ Reprodução do quadro *O jardim do artista em Giverny*, pintado por Claude Monet (1840-1926). Óleo sobre tela. Monet foi um pintor francês que gostava de retratar os jardins da França.

Galeria de Arte da Universidade de Yale, New Haven, Estados Unidos. Fotografia: Bridgeman Images/Easypix Brasil

As plantas produzem alimento

Os seres vivos são muito diferentes uns dos outros. Mas todos eles precisam de alimento para sobreviver.

Vimos que as plantas são capazes de produzir o próprio alimento. Elas usam luz, água e gás carbônico para produzir substâncias que as nutrem, em um processo conhecido como **fotossíntese**.

Muitos animais se alimentam exclusivamente de plantas. Os que não se alimentam diretamente delas consomem seres vivos que se alimentam de plantas. Por exemplo, a onça não come plantas, mas caça animais, como o veado, que se alimenta de folhas. As plantas são, portanto, a base da alimentação de grande parte dos seres vivos do planeta que habitamos.

▲ Cactos são plantas. Eles produzem o próprio alimento por meio da fotossíntese. Salgueiro, Pernambuco. Foto de 2020. Altura do cacto: 2 m.

▲ Veados se alimentam apenas de plantas.

▲ A onça caça veados e outros animais.

1 Tente se lembrar das plantas que você consome no dia a dia. Faça uma lista dessas plantas no caderno e, depois, troque informações com os colegas.

As plantas fornecem materiais e abrigo

As plantas podem ser usadas de várias formas pelos animais.

Muitas aves usam galhos e folhas de plantas para montar ninhos e assim poder acomodar seus ovos e seus filhotes.

Roedores, insetos e macacos usam as árvores para se abrigar ou para fugir de animais perigosos, seja abrindo buracos nos troncos, seja passando parte do dia ou da noite em galhos. Pererecas podem se abrigar dentro de bromélias.

As plantas contribuem para a boa qualidade de vida no ambiente, ao liberar gás oxigênio, no processo de fotossíntese, e vapor de água no ar, no processo de transpiração.

▲ Arara-azul-grande abrigada no tronco de uma árvore. Comprimento da ave: 1 m.

▲ Ninho da lagarta-do-pinheiro feito em galhos de árvore. Altura do ninho: 15 cm.

O gás oxigênio é necessário para a respiração de muitos seres vivos, como os animais.

Já o vapor de água refresca o ambiente e umidifica o ar. Assim, temperaturas muito altas podem se tornar mais amenas e agradáveis aos seres vivos em geral, e o aumento da umidade evita que o ar fique muito seco.

Para explorar

O mulungu e seus amigos.
Disponível em: https://www.youtube.com/watch?v=SHyJ8HJviqg. Acesso em: 15 jan. 2021.

Acompanhe Pedro em uma excursão pelo seu quintal. Nesse local, ele encontra uma árvore chamada mulungu e tem uma interessante convivência com plantas e animais, cada um deles com uma característica mais estranha e mais fantástica que a outra.

1. Daniela está estudando as relações entre as plantas e outros seres vivos. Depois de observar o jardim de sua avó e de pesquisar, ela escreveu o texto a seguir.

> Muitas aranhas se alimentam de insetos.
> Algumas delas constroem teias em plantas, nos galhos e nas folhas próximos a flores.
> Com a teia, as aranhas podem capturar borboletas que vêm se alimentar do néctar das flores.

a. Circule os seres vivos que são mencionados no texto.

b. Que informações sobre a alimentação desses seres vivos Daniela escreveu em seu texto? Responda no caderno.

2. Leia o texto a seguir em voz alta e responda no caderno.

Sabiá-laranjeira

[…] De dieta farta e pouco específica, ele [o sabiá-laranjeira] pode ser encontrado tanto no chão, procurando por vermes e minhocas, quanto em árvores frutíferas, como um mamoeiro […].

No período de reprodução, os sabiás procuram uma fêmea para fixarem suas moradas e prepararem seus ninhos, feitos basicamente de gravetos e folhas finas, chegando a ser reforçado por barro quando necessário. […]

[…] Além de sua beleza física e a melodia de seu canto, o sabiá-laranjeira também ajuda o ser humano de outra maneira, cuspindo as sementes dos pequenos frutos que servem de alimento e, assim, disseminando espontaneamente as espécies vegetais por onde passa. […]

Manuela Musitano. Sabiá-laranjeira. Fiocruz. Disponível em: http://www.invivo.fiocruz.br/cgi/cgilua.exe/sys/start.htm?infoid=1009&sid=2. Acesso em: 6 maio 2021.

▲Um sabiá e seus filhotes em ninho sobre um galho de uma árvore. Comprimento do sabiá adulto: 25 cm.

a. Você já viu algum sabiá-laranjeira perto de onde você mora? Caso já tenha visto, como era o canto dele?

b. Para quais fins o sabiá-laranjeira usa as plantas?

c. Por que o sabiá-laranjeira é importante para algumas plantas?

O uso das plantas pelos seres humanos

O ser humano usa plantas em muitas de suas atividades. Algumas dessas plantas são **cultivadas**, isto é, são plantadas e colhidas pelos seres humanos. Outras são apenas **coletadas** diretamente de seu ambiente natural.

Plantas cultivadas

Plantas cultivadas, como a batata, a mandioca, o trigo e o milho, são a base da alimentação de populações humanas em todo o mundo.

Também existem plantas que são cultivadas para servir de matéria-prima. Por exemplo, o algodoeiro, do qual se obtém o algodão para produzir roupas, e a cana-de-açúcar, da qual se produz o etanol, que é um combustível.

▲ A cana-de-açúcar é usada na alimentação humana e na produção de etanol. Jaú, São Paulo. Foto de 2020. Altura da planta: 4 m.

Matéria-prima: elemento utilizado na fabricação de um produto.

Plantas coletadas

Muitas plantas nascem e crescem na natureza sem intervenção humana. Quando são coletadas, elas podem ser usadas para diversos fins, como as folhas do babaçu, que são usadas para fabricar cestos, tapetes e até telhados.

Em muitos casos, ao se fazer a coleta, a planta é totalmente retirada de seu ambiente. Isso acontece com as árvores na coleta de madeira.

▲ Casa de pau a pique com telhado de folhas de palmeira babaçu. Amajari, Roraima. Foto de 2019.

Os deliciosos vegetais

Muitos alimentos que consumimos são partes de plantas. As plantas também são usadas como ingrediente para a fabricação de alimentos industrializados, como pães, farinhas e café.

Os tecidos que vestimos

Os tecidos de nossas roupas, como o algodão, o linho e a juta, são feitos a partir de plantas. As fibras da juta também são utilizadas na fabricação de sacos, cordas, tapetes, entre outros produtos.

▲ Plantação de algodão em Correntina, Bahia. Foto de 2019. As fibras do algodão ficam ao redor das sementes. Altura do algodoeiro: 7 cm.

▲ Fardos de algodão prensado após colheita na zona rural. Chapada dos Guimarães, Mato Grosso. Foto de 2020.

Madeira para construir

A madeira obtida dos troncos de árvores pode ser usada na fabricação de móveis, brinquedos e muitos outros objetos, além de servir na construção de casas e na produção de lenha ou de carvão.

Durante anos, florestas têm sido destruídas para retirar a madeira de árvores, como o cedro e o mogno. Em muitos casos, essas árvores não são replantadas e correm o risco de desaparecer do ambiente. Por isso, existem leis que protegem as plantas da exploração que causa riscos a sua existência. Atualmente, muitos objetos são fabricados com madeira de reflorestamento. Isso quer dizer que a madeira foi retirada de árvores cultivadas, como o eucalipto.

▲ Brinquedos feitos de fibra de miriti. Para extrair as fibras, é preciso cortar apenas as folhas da planta.

▲ Brinquedo feito de madeira de reflorestamento. O uso desse tipo de madeira evita o desmatamento de áreas florestais.

O uso do papel no dia a dia

O papel que usamos é feito principalmente da madeira de eucalipto. Os eucaliptos são plantados e, após alguns anos, são cortados e então levados para fábricas que produzem papel. O tronco é descascado, e a madeira é transformada em pasta de **celulose**. Essa pasta passa por alguns processos até virar papel.

Celulose: substância produzida pelas plantas e utilizada na fabricação de papel.

▲ Plantação de eucalipto em São Miguel Arcanjo, São Paulo. Foto de 2021.

▲ Interior de indústria brasileira de produção de papel no município do Rio de Janeiro. Foto de 2017.

1 Você aprendeu que vários alimentos que consumimos são partes de plantas. Escreva como seria sua refeição favorita. Procure incluir pelo menos três partes diferentes de plantas.

2 Escreva os nomes das plantas usadas para fabricar os produtos representados a seguir.

Pessoas e lugares

Os brinquedos de Abaetetuba

Abaetetuba é um município localizado no Pará (estado da Região Norte) que fica às margens do rio Maratauíra. Veja no mapa ao lado a localização desse município.

Originalmente, o território de Abaetetuba era povoado por diversas populações indígenas. Em meados dos anos 1700, os portugueses estabeleceram-se na região.

Na região de Abaetetuba existe um tipo de palmeira chamado **miriti** ou **buriti-do-brejo**. Alguns de seus moradores usam partes dessa planta para confecção de objetos de uso cotidiano ou para venda. Para isso, cortam apenas os ramos próximos às folhas. Além do uso do caule da palmeira para artesanato, é comum a preparação de mingau com seus frutos e a confecção de redes com suas folhas.

Município de Abaetetuba

Fonte de pesquisa: *Meu 1º atlas*. Rio de Janeiro: IBGE, 2012. p. 106.

▲ Miritis no Pará. Foto de 2017. Essa árvore cresce em terrenos alagados. Altura do miriti: 30 m.

Pela importância do miriti no cotidiano de certas comunidades, já que todas as partes dele podem ser aproveitadas, alguns grupos indígenas chamam essa palmeira de **árvore da vida**.

Muitos moradores de Abaetetuba trabalham como artesãos, fabricando brinquedos, como carrinhos, animais e bonecas, com partes da palmeira, que cresce em terrenos alagados.

A produção de brinquedos de miriti traz diversos benefícios às pessoas e ao ambiente, pois garante o sustento de muitas famílias e incentiva a preservação dessas árvores.

▲ Brinquedos feitos do caule do miriti.

▲ Muitas crianças da região aprendem a construir brinquedos de miriti.

Converse com os colegas e o professor sobre as questões a seguir.

1. Em que tipo de ambiente o miriti se desenvolve?

2. Por que a extração da matéria-prima do miriti para o artesanato não prejudica a árvore?

3. Por que a produção de brinquedos de miriti é importante para a população de Abaetetuba?

4. Em uma folha de papel avulsa, desenhe o projeto de um brinquedo que você poderia produzir com partes do miriti. Abaixo do desenho, faça uma lista dos materiais necessários para construir o brinquedo.

Aprender sempre

1 Leia em voz alta este trecho de uma lenda sobre a mandioca:

> Mani tinha alma bondosa. A tribo gostava muito dela.
> Porém, a garotinha não viveu muito tempo. [...]
> Todo seu povo ficou de luto e o cacique mandou enterrá-la dentro de sua própria maloca.
> Dia após dia, os índios iam regar o local [...].
> Até que notaram [...] uma planta desconhecida nascendo. Ela crescia com um caule fino e comprido. [...]
> Chegou um dia em que a terra ao redor do caule se fendeu e, na base do vegetal, apareceram grossas raízes. Os índios resolveram cortá-las. [...]
> Descascaram as raízes e as comeram cozidas. [...]
> A planta passou a ser chamada de "manioca", que queria dizer "a casa da Mani". E "manioca" logo virou "mandioca" na boca do caboclo.
>
> Mani, a indiazinha branca. Em: Adriano Messias. *Lendas de frutas e árvores do Brasil*. São Paulo: Ed. de Cultura, 2016. p. 66.

Luto: sentimento de tristeza pela morte de alguém.
Maloca: moradia indígena.
Fender: rachar, dividir.

a. Sublinhe os trechos do texto que descrevem as partes da mandioca.

b. Qual parte da planta de mandioca os indígenas comeram? Como ela foi consumida?

c. Que atitude dos indígenas fez a planta nascer?

d. Reconte a um adulto, com suas próprias palavras, a lenda da mandioca.

2 No caderno, faça uma lista dos objetos de madeira que você encontrar na sala de aula.

3 Carlos e Eduardo fizeram uma lista dos ingredientes necessários para preparar um bolo de banana com chocolate.

Bolo de banana com chocolate

Ingredientes:
- 3 bananas
- 5 ovos
- 1 copo de farinha de trigo
- 1 copo de açúcar
- 1 pitada de fermento
- 2 colheres de chocolate em pó

a. Contorne, na lista, os alimentos provenientes de plantas.

b. Quais alimentos citados na lista são industrializados? De quais plantas eles são feitos?

_____

_____

4 Reúna-se com dois colegas. Leiam os trechos da notícia abaixo.

> A Polícia Federal de São José dos Campos [...] apreendeu 50 potes de palmitos extraídos ilegalmente [...] em uma casa em Aparecida (SP).
>
> [...] um pote de palmito, como os que foram apreendidos, equivale a até cinco árvores destruídas. "Uma palmeira juçara demora de 7 a 10 anos para dar palmito." [...], afirmou a delegada responsável pela operação [...].
>
> Homem é preso e 50 potes de palmito apreendidos em operação da Polícia Federal em Aparecida. *G1*, 22 ago. 2017. Disponível em: https://g1.globo.com/sp/vale-do-paraiba-regiao/noticia/homem-e-preso-e-50-potes-de-palmito-apreendidos-em-operacao-da-policia-federal-em-aparecida.ghtml. Acesso em: 15 jan. 2021.

Façam uma pesquisa sobre o palmito-juçara. Depois, escrevam no caderno um pequeno texto que inclua informações sobre:

- onde a árvore é encontrada;
- por que ela é cortada;
- o que pode ser feito para evitar seu desaparecimento.

Saber Ser

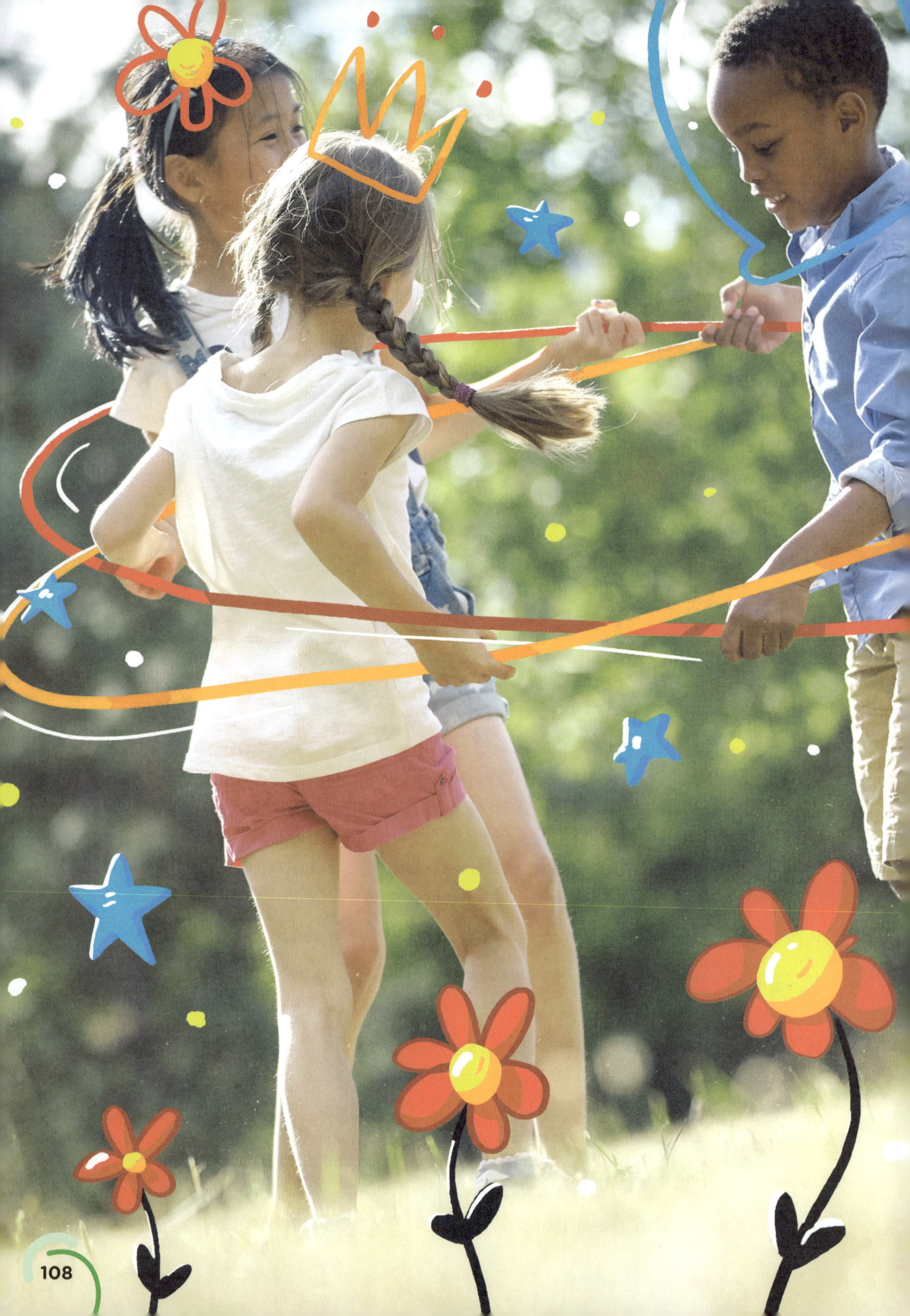

CAPÍTULO 9

O corpo humano

O corpo humano realiza diversas atividades o tempo todo. Essas atividades que acontecem sem parar em nosso corpo são responsáveis por nos dar energia para brincar, correr e estudar, por exemplo.

E você, já parou para imaginar como o seu corpo é por dentro?

Para começo de conversa

1. As crianças da imagem ao lado estão brincando. O que acontece com seu corpo quando você começa a correr ou a pular? E o que acontece quando você fica sem se mexer?

2. Cite duas atividades que acontecem no interior do nosso corpo.

3. As crianças da imagem parecem felizes durante a brincadeira? E você, se sente alegre ao participar de alguma brincadeira? Comente.

Saber Ser

Ilustração: Victor Beuren/ID/BR. Fotografia: Robert Kneschke/Shutterstock.com/ID/BR

Partes do corpo humano

O corpo humano é formado por diferentes partes. Cada uma delas tem um papel no funcionamento do organismo. Os **órgãos**, por exemplo, são algumas das partes que compõem o corpo humano. Eles podem estar dentro do corpo, como o cérebro, que faz parte dos **órgãos internos**, ou estar expostos, como a pele, constituindo os **órgãos externos**.

Alguns órgãos internos

Veja, na imagem abaixo, alguns dos órgãos internos do nosso corpo e como eles colaboram para o funcionamento do organismo.

Cérebro
Coordena o funcionamento dos outros órgãos. Ele permite que as pessoas pensem, falem, se movam e tenham sentimentos, por exemplo.

Pulmões
Participam da respiração. O ar que entra no corpo vai para os pulmões, onde o gás oxigênio é transferido para o sangue.

Rins
Filtram o sangue, isto é, retiram dele substâncias que fazem mal ao corpo. Essas substâncias passam a fazer parte da urina.

Cores-fantasia

Coração
Bombeia o sangue para que ele circule pelo corpo dentro de vasos sanguíneos. O tamanho do coração é, aproximadamente, o tamanho de uma mão fechada.

Estômago e intestinos
O alimento é mastigado na boca. Depois de engolido, ele passa pelo estômago e pelos intestinos, onde será digerido. O que não for absorvido pelo corpo vai formar as fezes, que são eliminadas.

bexiga
genital masculino
genital feminino

EgudinKa/Shutterstock.com/ID/BR

▲ Representação de alguns órgãos internos do corpo humano. Observe que apenas uma parte dos rins é retratada, porque eles se localizam atrás de outros órgãos representados na mesma região do corpo.

Fonte de pesquisa da ilustração: Gerard J. Tortora e Sandra Reynolds Grabowski. *Corpo humano*. Porto Alegre: Artmed, 2006. p. 13.

Esqueleto e músculos

Dentro do corpo humano também existem ossos e músculos.

Os **ossos** são órgãos duros e resistentes. O conjunto de ossos é chamado **esqueleto**. O esqueleto sustenta o corpo, protege os órgãos internos e possibilita a locomoção. Em geral, o corpo humano de um adulto tem 206 ossos.

Os **músculos** também são órgãos ligados à locomoção e atuam nos diversos movimentos do corpo, tanto de órgãos internos quanto de externos, além de permitirem as expressões faciais.

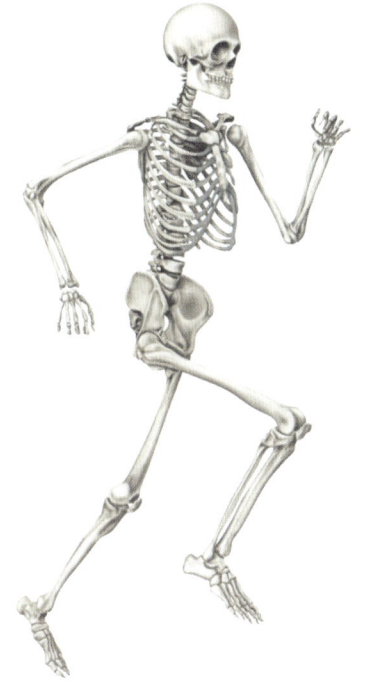

▲ Representação esquemática do aspecto geral do esqueleto humano.

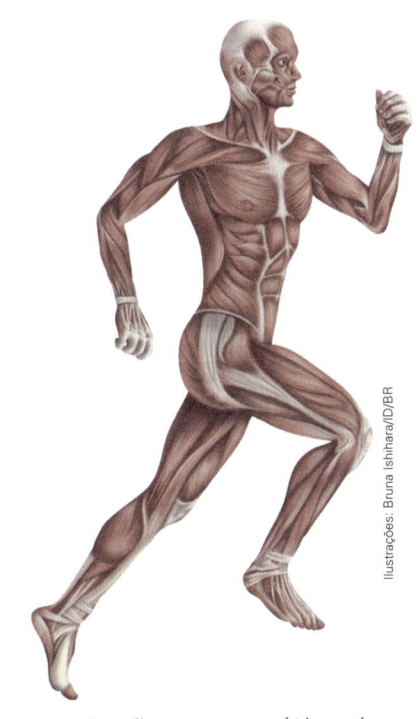

▲ Representação esquemática do aspecto geral dos músculos do corpo humano.

Fonte de pesquisa das ilustrações: Gerard J. Tortora e Sandra Reynolds Grabowski. *Corpo humano*. Porto Alegre: Artmed, 2006. p. 127.

Alguns músculos estão ligados aos ossos. Esses músculos podem se contrair, ficando mais curtos, ou relaxar, voltando ao tamanho inicial. Quando contraem ou relaxam, os músculos movem os ossos aos quais estão ligados e, assim, possibilitam o movimento do corpo.

1) Estenda o braço esquerdo, deixando a palma da mão aberta e virada para cima. Coloque a mão direita sobre o braço esquerdo contornando-o um pouco abaixo do ombro. Dobre o braço esquerdo várias vezes, lentamente. Conte aos colegas o que você sente mexer enquanto realiza o movimento.

Examinando o corpo humano por dentro

Com o uso de equipamentos especiais, é possível observar como estão nossos órgãos internos. Assim, podemos saber como cuidar melhor da saúde do nosso corpo.

Por exemplo, a **radiografia**, chamada popularmente **raios X**, permite que vejamos os ossos e alguns outros órgãos internos, como os pulmões. A radiografia pode ser útil, por exemplo, para saber se algum osso está quebrado após uma queda.

Partes internas do corpo que não aparecem em radiografias podem ser vistas em uma **ultrassonografia**. Esse exame é usado, por exemplo, para observar o bebê dentro da barriga da mãe.

Há também exames que não mostram imagens do corpo, mas permitem saber o que acontece dentro dele. Por exemplo, a **auscultação** consiste em escutar os sons produzidos pelo coração, pelos pulmões e por outros órgãos internos. Para isso, usa-se um aparelho chamado **estetoscópio**.

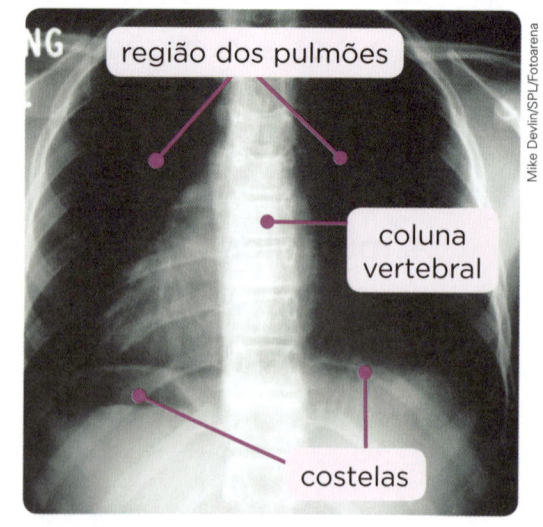

▲ Radiografia da região do peito.

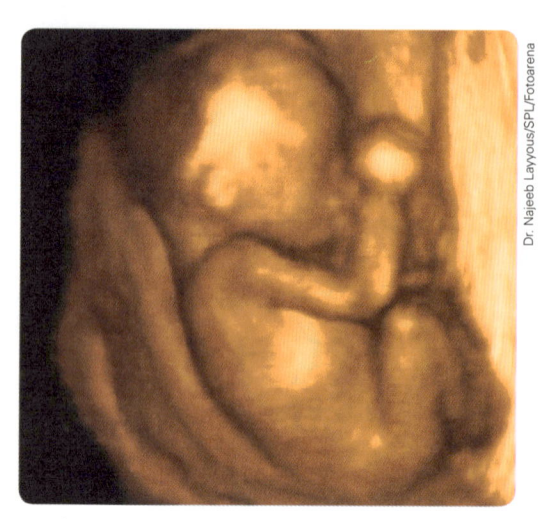

▲ Ultrassonografia mostrando um bebê na barriga da mãe.

1 Observe, na foto, a médica auscultando um paciente. Depois, converse com os colegas e o professor para responder às questões a seguir.

   a. Que sons ela está ouvindo? Como você sabe?

   b. Você já fez um exame como esse? Conte aos colegas como foi.

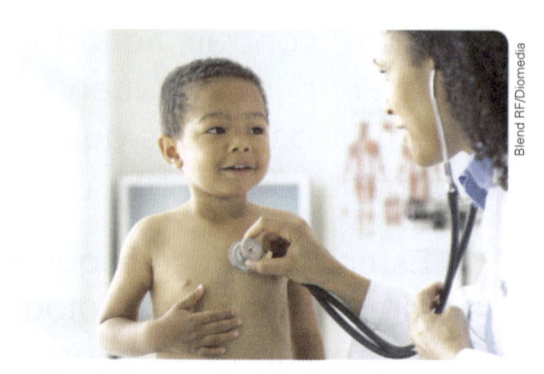

▲ O estetoscópio é colocado no peito e nas costas do paciente na hora do exame.

O revestimento do corpo humano

A **pele** é o maior órgão do corpo humano. Diferentemente dos órgãos que estudamos até aqui, ela é um **órgão externo**, que envolve o corpo.

Funções da pele

A pele é uma barreira de proteção do corpo contra agentes externos, como os microrganismos que causam doenças. Ela também protege o corpo contra os **raios ultravioleta**, que são emitidos pelo Sol e podem causar danos à saúde. A pele ainda ajuda a manter a temperatura corporal e está relacionada ao sentido do tato.

Tato

Pelo tato percebemos sensações como as de frio e de calor. Com o tato também podemos identificar a textura de um objeto, ou seja, se ele é liso ou áspero, por exemplo.

Teclado adaptado para pessoas cegas ou com baixa visão. O tato é usado para reconhecer as letras escritas em braile.

Proteção dos raios solares

Na pele existe uma substância chamada **melanina**.

A cor da pele, bem como a cor dos olhos e dos cabelos, está relacionada à quantidade dessa substância em nosso corpo. Quanto mais escura a pele, mais melanina ela tem.

As pessoas podem apresentar diferentes tons de pele.

1. Complete a frase a seguir:

   A pele atua como _____ do _____

   contra _____ que causam _____.

Cuidados com a pele

A melanina é muito importante, pois nos protege da ação dos raios ultravioleta. Quando uma pessoa se expõe ao Sol, a produção de melanina aumenta, bronzeando a pele.

Quando a exposição ao Sol é muito intensa, a melanina produzida não é suficiente para proteger a pele. Por isso, evite se expor ao Sol por tempo prolongado e use protetor solar e chapéu ou boné.

Os protetores ou bloqueadores solares são classificados por um número chamado **fator de proteção solar** ou **FPS**. Quanto maior esse número, maior a proteção contra os raios ultravioleta do Sol. Os protetores devem ser aplicados várias vezes ao dia e sempre que a pessoa sair da água ou transpirar muito.

▲ Protetor solar, chapéu e roupas ajudam a nos proteger dos raios do Sol.

Ferimentos na pele

A proteção que a pele proporciona contra microrganismos pode ser prejudicada quando nos cortamos, nos arranhamos ou nos queimamos.

Não manipule objetos cortantes ou quentes sem a ajuda de um adulto. Se você se machucar, peça ajuda a um adulto para realizar o tratamento.

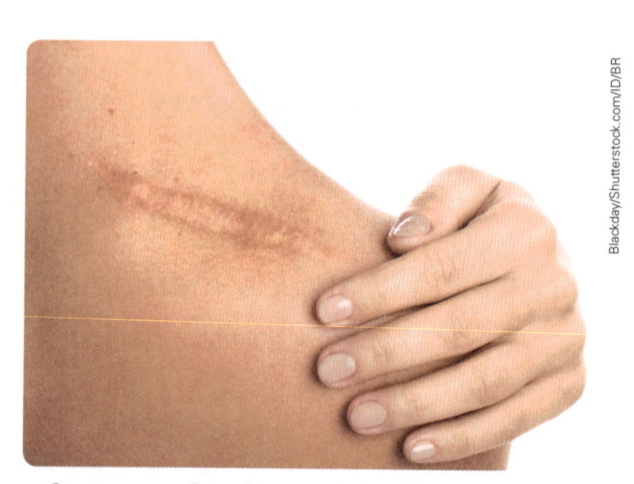

▲ Cortes profundos podem deixar uma marca na pele chamada cicatriz.

Para explorar

É assim que eu sou, de Pierre Winters. Editora Brinque-Book.
Com a leitura desse livro e de suas ilustrações, você vai tirar, de forma divertida, suas dúvidas sobre o corpo humano.

Anexos da pele

A parte que vemos da nossa pele é apenas a superfície dela. Existem camadas mais profundas que não ficam expostas, nas quais, por exemplo, estão as raízes dos cabelos, dos pelos e das unhas.

▲ As unhas dão firmeza à ponta dos dedos e permitem coçar o corpo, por exemplo.

Cabelos, pelos e unhas são formados por uma substância chamada **queratina**, que dá resistência a essas estruturas.

Somente os animais mamíferos têm pelos. Os pelos do ser humano são mais finos e curtos que os de muitos outros mamíferos. Esses pelos estão distribuídos por quase toda a superfície do corpo, exceto em certas regiões, como os lábios, as palmas das mãos e as plantas dos pés.

Na pele, existem estruturas chamadas **glândulas**. Algumas delas produzem substâncias que evitam o ressecamento da pele. Outras produzem o suor, um líquido que resfria o corpo. O suor sai do corpo através dos **poros**, pequenas aberturas que existem na superfície da pele.

▲ Em geral, os homens apresentam mais pelos no rosto do que as mulheres.

▲ Quando o corpo se aquece, ele libera o suor. Isso pode acontecer em várias partes do corpo, como o rosto.

2 Desenhe, no caderno, um quadro dividido ao meio. Em um lado, escreva os nomes de todos os animais de que você se lembrar que têm pelos. No outro lado, escreva os nomes dos que não têm pelos. Compare seu quadro com os dos colegas.

Aprender sempre

1 Observe com atenção as imagens a seguir. Elas mostram o braço de uma mesma pessoa em datas diferentes.

a. Que diferença você notou no braço nos dois momentos? Quanto tempo passou desde a primeira imagem até a segunda?

_____
_____
_____
_____
_____

b. O que você acha que provocou essa diferença?

_____

c. Em qual dos momentos a pele aparece com mais melanina? Por quê?

_____
_____

d. Escreva em seu caderno um texto com dois parágrafos explicando o que é a melanina e a importância do uso de protetor solar ao se expor ao sol.

2 Reúna-se com um colega. Observem a expressão destes meninos.

a. Que sentimentos esses meninos estão expressando?

☐ Tristeza.

☐ Medo.

☐ Alegria.

☐ Raiva.

b. A expressão dos meninos foi produzida pelos movimentos de que órgãos da face?

_____

c. Que órgão do corpo está relacionado a ter sentimentos?

☐ Rim.   ☐ Cérebro.   ☐ Estômago.

d. Com o colega, demonstre alguns sentimentos usando expressões faciais. Peça a ele que identifique os sentimentos que você está representando. Depois será a sua vez de identificar as expressões dele.

3 Observe a radiografia ao lado.

• O que ela mostra?

_____

_____

4 Observe os colegas. Cada um tem um tom de pele, além de outras diferenças. No que você é diferente dos colegas? Você acha importante conviver com pessoas diferentes? Converse com a turma.

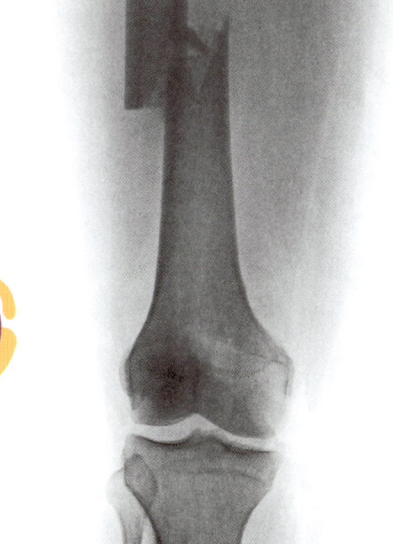

Saber Ser

cento e dezessete **117**

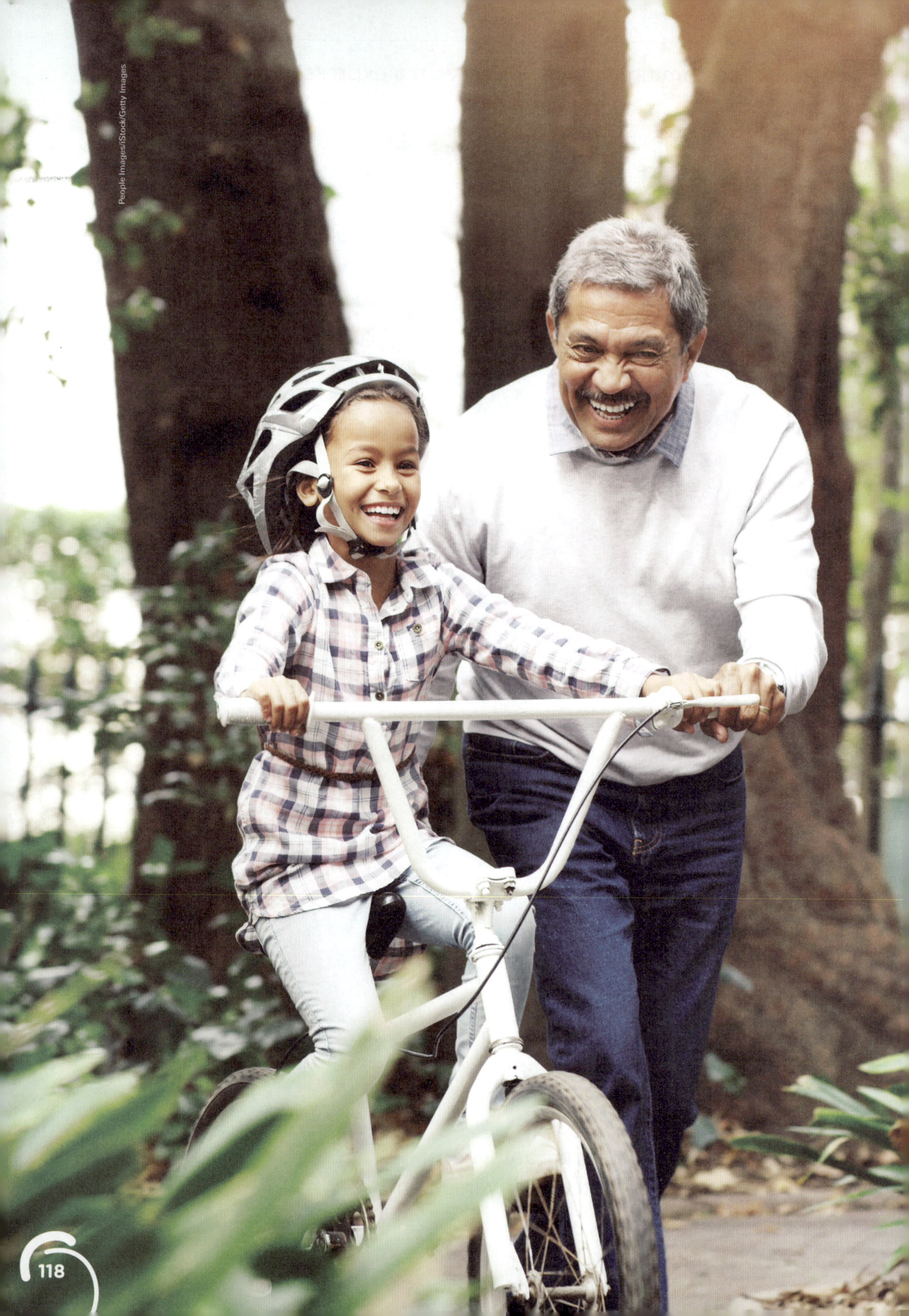
People Images/iStock/Getty Images

CAPÍTULO 10

O corpo muda com o tempo

Quando ainda somos bebês, não podemos ir muito longe sozinhos. Então, exploramos cada detalhe do local onde estamos, como nossa casa. Quando começamos a andar, podemos acessar outros locais e, assim, viver novas experiências.

A infância é apenas uma das etapas da nossa vida. Depois, passamos por outras etapas, como a adolescência, a fase adulta e a velhice.

Para começo de conversa

1. Em sua opinião, as pessoas da imagem ao lado têm a mesma idade? Como você chegou a essa conclusão?

2. O que é a infância para você?

3. Em sua opinião, existem coisas que só podemos fazer quando somos crianças? Cite exemplos.

4. Em sua opinião, nossa sociedade valoriza as pessoas idosas? Justifique sua resposta.

Saber Ser

As fases da vida

fase da infância

fase da adolescência

fase adulta

fase da velhice

▲ Sabrina já foi um bebê e se desenvolveu passando por todas as fases da vida.

Ao longo da vida, vivenciamos diferentes fases: a infância (do nascimento até por volta dos 11 anos), a adolescência (dos 12 aos 19 anos), a fase adulta (dos 20 aos 59 anos) e a velhice (a partir dos 60 anos).

Na **infância**, o corpo muda muito rapidamente. Quando nasce, o bebê precisa ser alimentado e cuidado por outras pessoas. Nos primeiros anos de vida, a criança aprende a andar, a falar e a expressar ideias e sentimentos.

Após a infância, vem a **adolescência**, e o corpo continua em desenvolvimento. É uma fase de intensas mudanças físicas, emocionais e comportamentais. O adolescente geralmente age de maneira mais independente do que a criança.

Na **fase adulta**, o corpo já completou seu desenvolvimento. É nessa fase que as pessoas estão mais preparadas para assumir responsabilidades.

A fase adulta é seguida pela **velhice**. As pessoas idosas já acumularam muitas experiências ao longo da vida. Nessa etapa, o corpo pode se tornar mais frágil e menos vigoroso. Porém, cultivando hábitos saudáveis ao longo da vida, o corpo e a mente podem manter a vitalidade por muito tempo.

Antes do nascimento

Vimos que nosso corpo muda continuamente desde que somos bebês muito pequenos. Mas e antes de nascermos?

Dentro do corpo da mãe, o feto muda muito, e tudo acontece bem rápido, em mais ou menos 40 semanas ou cerca de 9 meses.

Observe, abaixo, imagens de fetos em diferentes fases do desenvolvimento.

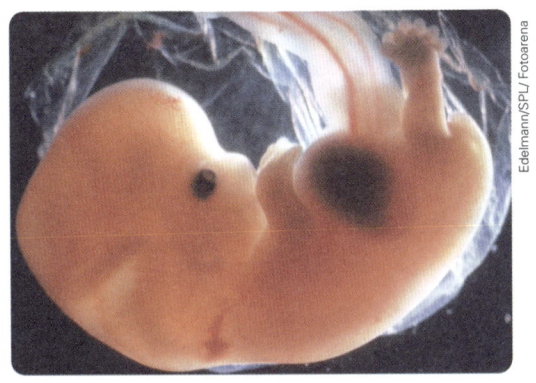

▲ Feto dentro do útero com cerca de 7 semanas e 3 cm de comprimento. Imagem de ultrassonografia.

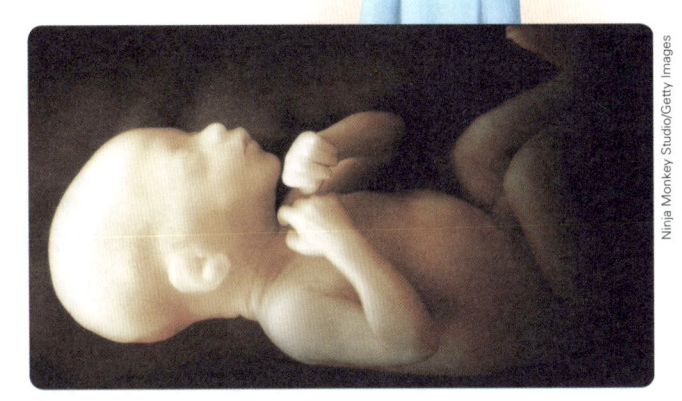

▲ Feto dentro do útero com cerca de 27 semanas e 40 cm de comprimento. Imagem de ultrassonografia.

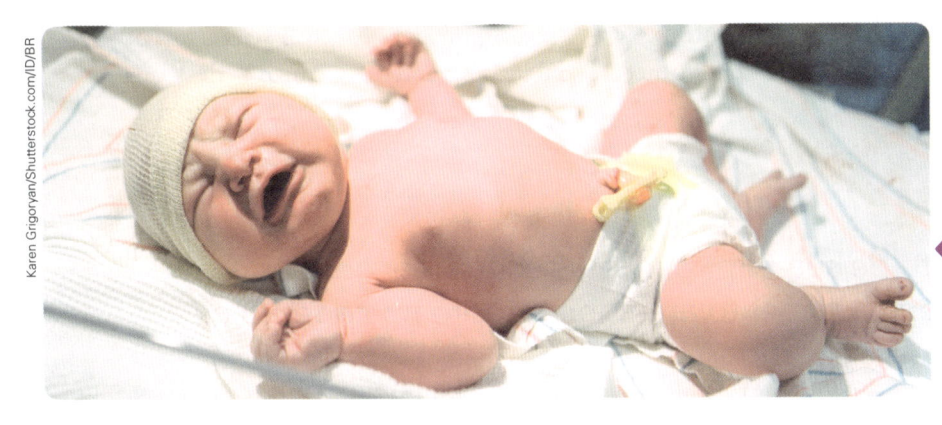

◄ Foto de bebê recém--nascido, com cerca de 40 semanas e 50 cm de comprimento.

1 Observe novamente as imagens, leia as legendas e indique pelo menos três diferenças que chamaram sua atenção no desenvolvimento do feto até o nascimento.

Na prática

O meu corpo está mudando?

O corpo muda muito na infância. Como será que isso vem acontecendo com seu corpo? Vamos observar essas mudanças construindo uma **linha do tempo**. A linha do tempo é uma maneira de organizar, em sequência de datas, acontecimentos da vida de pessoas ou da história de lugares.

Você vai precisar de:

- fotografias de várias fases da sua infância ou imagens de revistas com crianças de diferentes idades
- uma cartolina branca
- fita adesiva
- canetas de várias cores
- cola
- tesoura com pontas arredondadas

2013 Eu nasci
2014 Comecei a andar
2017 Perdi o primeiro dente
2019 Fiz meu primeiro passeio de bicicleta
2021 Comecei a ter aulas de Arte na escola

▲ Um exemplo de linha do tempo.

Como fazer

1. Com um adulto de sua família, obtenha informações sobre você desde seu nascimento até agora. Anote no caderno os acontecimentos mais importantes.
2. Reúna as imagens e as informações que você obteve e leve-as para a sala de aula.
3. Corte a cartolina ao meio, no sentido do maior comprimento.
4. Com a fita adesiva, cole lado a lado as duas partes da cartolina. Você deve unir os lados menores para que ela fique comprida como uma faixa.

5. Trace uma linha reta no sentido do comprimento, de ponta a ponta, dividindo a cartolina ao meio.

6. Traçando riscos, divida a linha em partes mais ou menos iguais, como se fosse uma régua.

7. Na ponta da esquerda, abaixo da linha, escreva "nascimento". Abaixo dos traços seguintes, da esquerda para a direita, escreva "1 ano", "2 anos", "3 anos", até sua idade atual.

8. Cole, na metade acima da linha, as imagens que você trouxe, de acordo com a idade.

9. Na metade abaixo da linha, escreva o principal fato de cada idade.

Linha do tempo

2015 — Nascimento
2016 — 1 ano
2017 — 2 anos
2018 — 3 anos
2019 — 4 anos
2020 — 5 anos
2021 — 6 anos
2022 — 7 anos

Para finalizar

1. Observe as imagens que você colou na cartolina. Quais são as principais mudanças que você percebe em cada ano de vida? Converse com os colegas sobre as mudanças que você percebeu.

2. De qual imagem você mais gostou? Por quê?

3. Por quais mudanças você acha que seu corpo ainda vai passar até chegar à idade adulta?

4. Leve sua linha do tempo para casa. Com a ajuda de um adulto da família, tente se lembrar das brincadeiras que marcaram e ainda marcam você em cada etapa e anote-as na linha do tempo. Guarde essa linha para uma atividade no final deste capítulo.

O tempo passa para todos os animais

Todos os animais mudam com o passar do tempo. Esponjas, estrelas-do-mar, águas-vivas, besouros, peixes, sapos, lagartos, aves e... nós, seres humanos. Mas será que essas mudanças são as mesmas para todos os animais? Vamos ver a seguir o desenvolvimento de alguns deles.

Como os animais mudam

O salmão

O salmão começa a se desenvolver dentro de ovos gelatinosos e sem casca, que são depositados na água de lagos, rios ou mares. Ao sair do ovo, a forma jovem vai aos poucos tendo a aparência de um adulto.

Representação sem proporção de tamanho entre os elementos.

ovos → nascimento → salmão jovem → salmão adulto

▲ Fases da vida de um salmão.

A tartaruga marinha

As tartarugas marinhas nascem de ovos que têm casca firme. Eles são postos na areia das praias. Quando as tartarugas nascem, elas se direcionam para o mar, onde vivem a partir de então.

Representação sem proporção de tamanho entre os elementos.

ovos → tartaruga nascendo → tartaruga jovem → tartaruga adulta

▲ Fases da vida de uma tartaruga marinha.

Para explorar

Projeto Tamar: reprodução de tartarugas marinhas.
Disponível em: https://www.youtube.com/watch?v=hA1jgsjbd10. Acesso em: 22 abr. 2021.

O vídeo mostra eventos da reprodução das tartarugas marinhas, como a postura dos ovos e o nascimento dos filhotes.

O sapo-cururu

O sapo-cururu também começa seu desenvolvimento dentro de ovos sem casca, na água de rios ou de lagos. Depois, passa pela fase de girino, na qual nada e tem cauda. Com o passar do tempo, as pernas se desenvolvem e a cauda diminui até desaparecer. Quando adulto, o sapo-cururu vai para a terra firme.

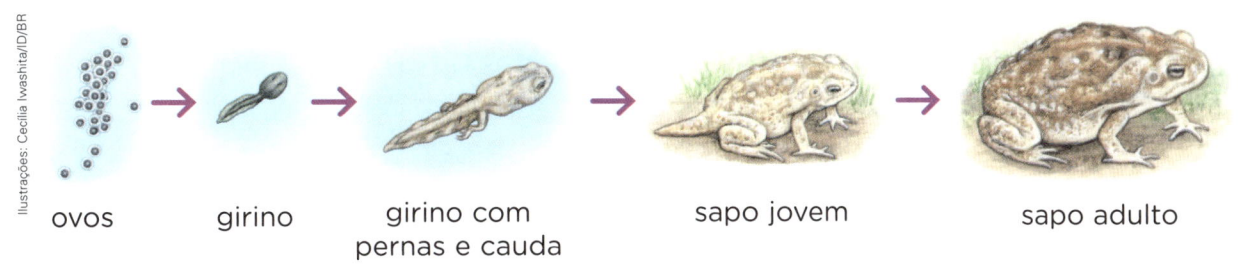

Representação sem proporção de tamanho entre os elementos.

ovos → girino → girino com pernas e cauda → sapo jovem → sapo adulto

▲ Fases da vida de um sapo-cururu.

O beija-flor

Os beija-flores nascem de ovos de casca dura, dentro de ninhos. Assim que nascem, eles não têm penas e precisam ser alimentados e cuidados pelas mães. Com o tempo, as penas crescem, os jovens aprendem a voar e assumem a forma adulta.

Representação sem proporção de tamanho entre os elementos.

ovos no ninho → beija-flores recém-nascidos → beija-flores filhotes alimentados pela mãe → beija-flor adulto

▲ Fases da vida de um beija-flor.

1 Desenhe, em uma folha de papel sulfite, as fases do desenvolvimento de um ser humano. Siga o exemplo das imagens desta página e da anterior.

2 Reúna-se com dois colegas. Discutam as semelhanças e as diferenças entre as fases do desenvolvimento humano e as de outros animais. Depois, elaborem uma tabela com os animais que estão sendo comparados (por exemplo, o ser humano e a sardinha) e registrem nela essas semelhanças e diferenças.

Vamos ler imagens!

Pictogramas

Você sabe o que é um pictograma? Talvez você não saiba, mas já deve ter visto alguns. Pictogramas são figuras simples que transmitem informações. Eles são uma forma de comunicação visual rápida, que não usa palavras e pode ser compreendida por muitas pessoas, mesmo as que falam outras línguas ou que não sabem ler.

▲ Símbolo internacional de acesso.

▲ Pictograma indicando área reservada para ciclistas.

Alguns pictogramas seguem um padrão internacional e são iguais em todo o mundo. É o caso do símbolo internacional de acesso, adotado por diversos países, inclusive o Brasil, desde 1985. Ele identifica locais acessíveis a pessoas com deficiência ou com mobilidade reduzida e corresponde ao desenho simplificado de uma pessoa em uma cadeira de rodas, que está sempre voltada para a direita. Veja no topo da página.

Além desse, existem outros símbolos de acessibilidade que indicam pessoas com diferentes necessidades. É comum encontrar esses símbolos em transportes públicos, indicando assentos preferenciais, ou em diferentes estabelecimentos, indicando atendimento preferencial. Veja alguns desses símbolos na lateral da página.

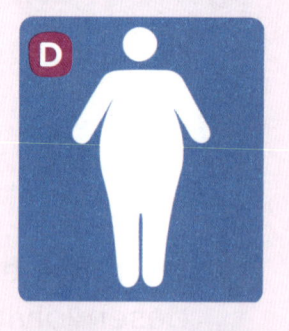

Agora é a sua vez

1. Você já viu os símbolos da página anterior indicados com **B**, **C**, **D** e **E**? Se sim, onde?
   _____

2. Você sabe o que cada símbolo representa? Como você chegou a essa conclusão?
   _____
   _____

3. Entre esses símbolos, cite um que represente cada uma das fases da vida indicadas abaixo.

   a. Velhice: _____

   b. Infância: _____

   c. Adulto: _____

4. Que outros pictogramas você conhece? Faça um desenho e explique o que eles indicam.

Aprender sempre

1 Leia o texto abaixo em voz alta e responda às questões a seguir.

> Não tem jeito, chega uma hora em que todo mundo fica banguela! Lá por volta dos seis anos, caem os dentes de leite e começam a nascer os permanentes, que vão te acompanhar pelo resto da vida, se bem tratados. A troca de dentes é um sinal de que você está crescendo, mas gera muitas dúvidas. [...]
>
> [...]
>
> Se o dente de leite ainda não tiver caído até os seis anos, pode significar algum problema?
>
> Fique tranquilo! Normalmente, os primeiros dentes caem por volta dessa idade, mas há crianças que começam a trocar os dentes com quatro anos e outras que só exibem a janelinha com mais de sete anos. Isso é normal. Quanto mais cedo tiverem nascido os seus dentes de leite, mais cedo eles vão cair [...].
>
> Sofia Moutinho. Dossiê dentes de leite. *Ciência Hoje das Crianças*, 12 jul. 2010. Disponível em: http://chc.org.br/dossie-dentes-de-leite/. Acesso em: 15 jan. 2021.

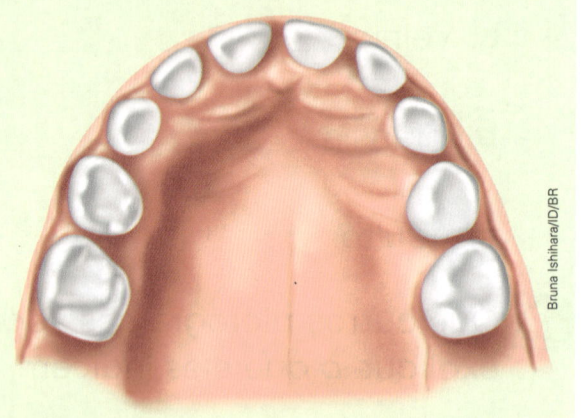

▲ Representação dos dentes de leite superiores.

a. Você está com algum dente mole? Algum dente seu já caiu?

b. De acordo com o texto, qual fator influencia a idade em que os dentes começam a cair?

2 As imagens abaixo mostram as etapas de desenvolvimento de uma vaca. Associe corretamente os nomes das etapas com as imagens.

vaca adulta   bezerro jovem   bezerro recém-nascido   vaca jovem

_____   _____   _____   _____

3 Observe a imagem e faça o que se pede.

a. Escreva quantas crianças e quantos adolescentes, adultos e idosos há na imagem.

_____
_____
_____

b. Descreva a pessoa que tem a idade mais próxima da sua.

_____
_____

4 Em sua família, há pessoas idosas? Como você se relaciona com elas? Comente com os colegas.

Saber Ser

5 Reúna-se com dois colegas. Retomem a linha do tempo que vocês fizeram na seção *Na prática*. Depois, conversem sobre as principais brincadeiras que marcam a infância de cada um.

6 Você já mudou muito desde que nasceu. Converse com um colega sobre essas mudanças e depois escreva no caderno:

a. algo que você faz agora, mas não fazia com 1 ano de idade;

b. algo que você vai poder fazer quando se tornar adulto.

cento e vinte e nove **129**

Marcelo Parducci/ID/BR

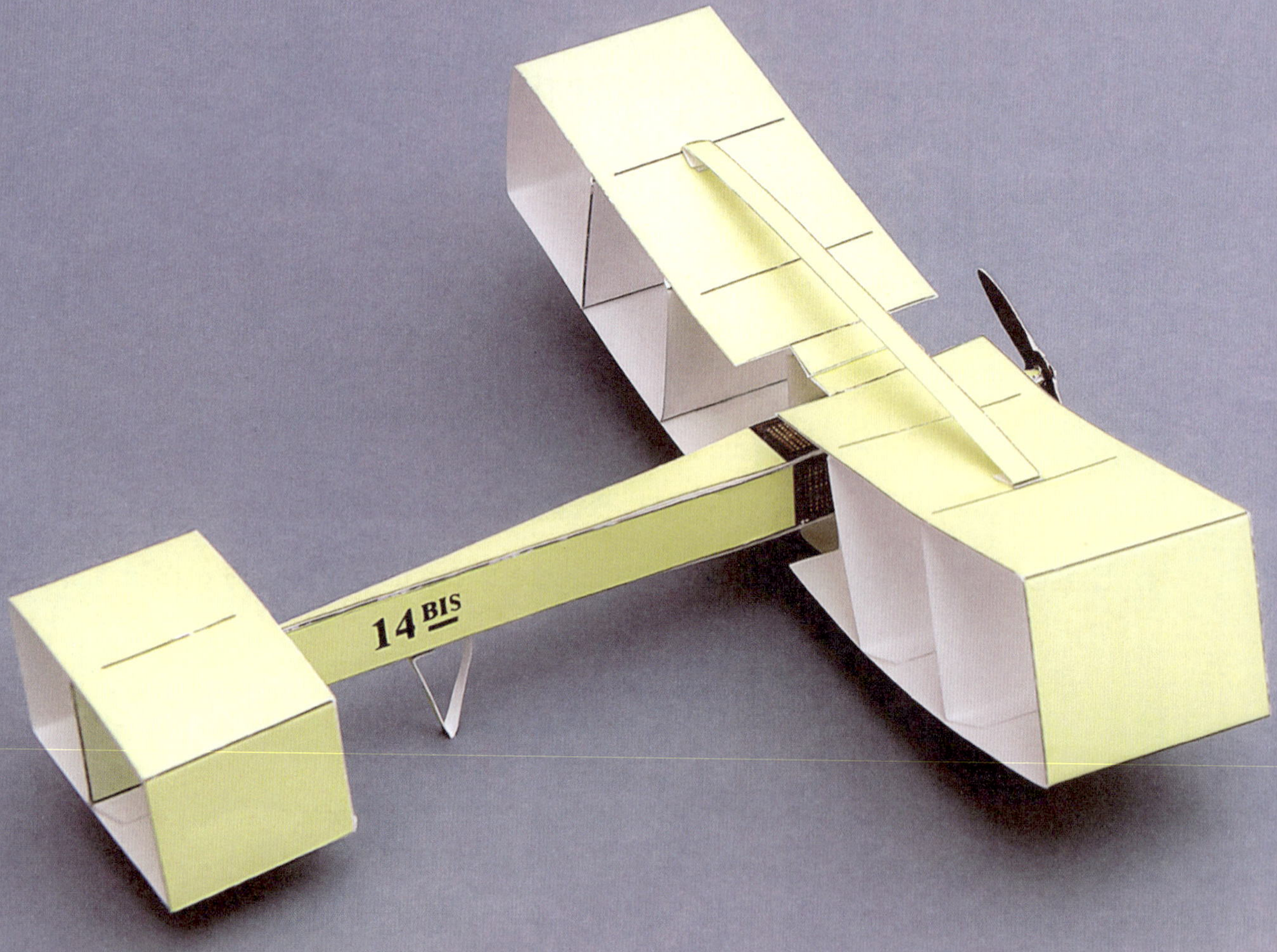

CAPÍTULO 11

Os materiais que nos cercam

O avião foi inventado pelo brasileiro Alberto Santos Dumont. Depois de testar vários modelos, ele conseguiu levantar voo em 23 de outubro de 1906 com o avião chamado 14-Bis, construído com seda, bambu, madeira e algumas peças de metal.

Já a miniatura do 14-Bis da foto ao lado foi feita com palitos de madeira, cola e papel. Neste capítulo, você vai saber que existe uma variedade de materiais no nosso dia a dia.

Para começo de conversa

1. Por que o avião da foto não é feito com os mesmos materiais usados no 14-Bis?

2. Em sua opinião, por que os materiais usados na construção dos aviões atuais são diferentes dos materiais usados no 14-Bis?

3. É hora de explorar sua criatividade: Que materiais você usaria para criar um modelo como esse da foto?

Saber Ser

Tipos de material

Todos os objetos que usamos são feitos de algum material. Muitas vezes, mais de um material é necessário para produzir um único objeto.

Muitos materiais vêm das plantas, dos animais ou do solo, isto é, não são fabricados pelo ser humano. Esses materiais são chamados **materiais naturais**. A lã proveniente do pelo das ovelhas e o algodão retirado do algodoeiro são materiais naturais usados na produção de roupas. A madeira é um material natural que apresenta muitos usos, como a fabricação de móveis e de brinquedos e a construção de moradias.

▲ Algodoeiro, planta da qual é retirado o algodão. O algodão é um material natural. Largura do fruto: 5 cm.

▲ O granito, um material natural, é uma rocha retirada do solo.

Os materiais fabricados pelo ser humano são chamados **materiais artificiais**. Plástico, papel e vidro são exemplos desse tipo de material. A produção deles permitiu a fabricação de uma imensa variedade de objetos. Em uma refeição, por exemplo, podemos usar panelas, talheres, copos e pratos feitos de materiais artificiais.

◀ Parque infantil com brinquedos feitos de materiais naturais, como madeira e sisal, e de materiais artificiais, como borracha e plástico. Ipatinga, Minas Gerais. Foto de 2015.

Materiais do dia a dia

Alguns materiais comuns em nosso dia a dia são a argila, os metais, o plástico e o vidro.

Argila

A **argila** é conhecida popularmente como barro e foi um dos primeiros materiais usados pela humanidade. Por ser fácil de obter e flexível, pode ser modelada com as mãos e, depois, é colocada em uma fogueira ou no forno para endurecer. Depois de cozida, a argila passa a ser chamada **cerâmica**.

Utensílios, como tigelas e panelas, foram e ainda são fabricados desse modo. Porém, com o passar do tempo, muitos objetos de cerâmica, como telhas, tijolos e pisos, começaram a ser produzidos em indústrias. A cerâmica também é muito usada em obras de arte.

Algumas moradias brasileiras são construídas com argila, como as casas de pau a pique. Nesse caso, o barro é deixado ao relento para secar naturalmente, à temperatura ambiente.

▲ Vaso de cerâmica marajoara, feito por indígenas da ilha de Marajó, no Pará. É considerada a arte em cerâmica mais antiga do Brasil.

▲ O barro é usado na construção de casas de pau a pique. Bertioga, São Paulo. Foto de 2021.

▲ Os tijolos de cerâmica fabricados em olarias são usados em construções variadas. Fábrica localizada em José Bonifácio, São Paulo. Foto de 2021.

Metais

Na natureza, existem vários tipos de metal: ouro, ferro, alumínio, entre outros. A maior parte deles é encontrada em rochas.

Para obter o metal, essas rochas são **trituradas**, aquecidas e misturadas a outros materiais a temperaturas muito altas.

Nas usinas siderúrgicas, onde esse processo ocorre, o metal é derretido e colocado em fôrmas para compor barras e chapas. Nas fábricas, as chapas de metal são transformadas em vários tipos de objeto.

▲ Latas são fabricadas a partir de chapas de metal produzidas nas usinas siderúrgicas.

Triturado: moído ou quebrado em pedaços pequenos.

▲ Vagões carregados de minério de ferro em Parauapebas, Pará. Foto de 2020.

▲ Placa de aço saindo do forno em uma usina siderúrgica em Marabá, Pará. Foto de 2019.

Vidro

O vidro é obtido de uma mistura de areia e alguns outros materiais. Essa mistura é então aquecida a altas temperaturas, até derreter. Nessa etapa, o vidro é flexível e pode ser moldado. Ele, então, endurece quando esfriado, adquirindo o formato desejado pelo fabricante.

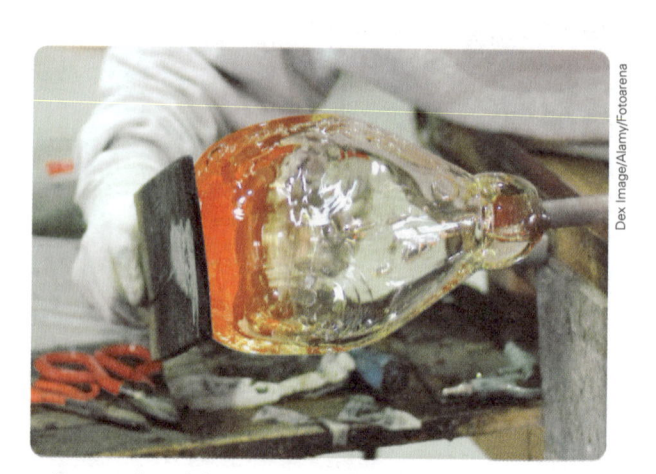

▲ Peça de vidro sendo moldada.

Peças como garrafas, janelas, lentes de óculos e lupas são produzidas dessa maneira.

Plástico

A maioria dos plásticos é produzida a partir do **petróleo**. O petróleo é um líquido oleoso e escuro encontrado em rochas profundas do solo. Sua formação ocorre com a deposição, no fundo de lagos e mares, de restos de animais, plantas e microrganismos que morreram há milhões de anos.

O plástico pode ser moldado de várias formas, dando origem a muitos objetos comuns do nosso cotidiano. Por ser resistente, barato e leve, é usado na fabricação de muitos objetos que antigamente eram feitos de metal ou de vidro.

Além do plástico, o petróleo é utilizado para produzir gasolina, óleo *diesel*, querosene, asfalto e outros produtos. Certos tipos de tecido, como o náilon e o poliéster, também são feitos a partir do petróleo.

▲ Objetos de plástico usados no dia a dia.

1 Observe as imagens e faça o que se pede.

- Identifique os materiais de que são feitos os objetos e pinte os quadrinhos de acordo com a legenda.

    metal   vidro   plástico   papel

Na prática

O som dos objetos

Será que diferentes materiais produzem sons diferentes? Vamos descobrir a resposta após a realização da atividade a seguir.

Você vai precisar de:

- folhas de papel-alumínio
- tampas de panela de diferentes tamanhos
- colheres de pau
- garrafas PET
- recipientes de plástico
- canos de PVC
- duas tigelas
- água

Como fazer

1. Use as mãos para explorar os sons produzidos por cada objeto: agite-os, bata um objeto no outro ou no chão, assopre, raspe, etc.
2. Coloque água em uma das tigelas, bata em ambas com as colheres de pau e compare os sons produzidos.
3. Faça o mesmo com as garrafas PET e os recipientes de plástico.

Para finalizar

1. O que você percebeu ao explorar os sons produzidos pelos objetos? Responda no caderno.
2. O que você percebeu é diferente do que esperava? Por quais motivos? Converse com os colegas e o professor.
3. Alguns dos sons que você produziu lembram sons da natureza? Se sim, quais deles? Descreva no caderno.

Os materiais e a água

Para nos mantermos secos em dias chuvosos é muito importante escolher o que usar. Se estivermos vestindo roupas comuns, elas ficarão molhadas, mas, se estivermos de guarda-chuva e galochas, estaremos mais protegidos.

A roupa feita de algodão, em contato com a água, fica encharcada. O guarda-chuva e as galochas são feitos de plástico, material que, mesmo em contato com a água, não muda sua aparência ou característica.

A diferença entre esses materiais é a possibilidade da passagem, no caso, da água através deles, ou seja, sua **permeabilidade**.

- **Materiais impermeáveis** são aqueles que não permitem a passagem de outros materiais, em geral líquidos ou gases, através de seus poros.
- **Materiais permeáveis** são aqueles que permitem a passagem de outros materiais (no exemplo, a água) através de seus poros.

1. Observe a imagem acima e responda às questões no caderno.
   a. Cite um objeto da imagem feito de material impermeável. Por que é importante que esse objeto seja impermeável?
   b. De que material pode ser feito o banco à direita da imagem, para evitar que ele fique encharcado?

Os materiais e a luz

Imagine que você está pronto para dormir e se lembra de pegar algo em seu quarto, na escuridão. Você deve ter percebido que é bem difícil encontrar objetos quando há muito pouca luz no ambiente. Mas por que isso ocorre? Isso ocorre porque, para que possamos ver os objetos, a luz tem de chegar a eles, ser rebatida ou **refletida** e, então, chegar aos nossos olhos.

Os **espelhos** são objetos especiais porque o material de que são feitos recebe um tratamento que possibilita a esses objetos refletir praticamente toda a luz que chega até eles. Por isso, conseguimos ver nossa imagem refletida em um espelho.

De acordo com o modo como interagem com a luz, os materiais são classificados em:

▲ Os espelhos refletem toda a luz que chega até eles.

- **Opacos:** absorvem uma parte da luz e refletem outra parte. Por isso, não enxergamos o que está atrás deles. Também por isso eles formam sombra.
- **Transparentes:** deixam a luz passar sem interferir muito na direção dela. Por isso, podemos enxergar através dos materiais transparentes.
- **Translúcidos:** deixam os raios de luz passar, mas afetam a direção deles de forma que não se pode ver com clareza o que está do outro lado.

Para explorar

Ciência dentro de casa.
Disponível em: http://chc.org.br/ciencia-dentro-de-casa/. Acesso em: 14 jan. 2021.
Nesse *site*, você pode acessar uma brincadeira divertida relacionada ao modo como os materiais interagem com a luz.

Na prática

A luz e os objetos

O que você acha que deve ocorrer com a luz ao atingir cada um dos objetos listados abaixo? Vamos verificar?

Você vai precisar de:
- um espelho pequeno
- um copo de plástico transparente com água
- papel-manteiga
- um pedaço de papelão

Como fazer

1. Em um ambiente bem iluminado, observe como a luz se comporta em relação a cada objeto. Verifique se é possível ver através do objeto com clareza ou não.
2. Observe também a formação de sombras.

Para finalizar

1. O que você observou em cada objeto neste experimento? Converse com os colegas se suas suposições estavam corretas.

2. De acordo com o experimento, vimos que o espelho _____ toda a luz que chega até ele. Podemos também dizer que o papelão é _____, que o copo é _____ e que o papel-manteiga é _____.

3. Observe a foto ao lado. Como é possível ver os peixes em um aquário?
_____
_____
_____

▲ Criança observa peixes em um aquário.

Pessoas e lugares

A cerâmica da serra da Capivara

O povoado **sertanejo** de Barreirinho está situado no município de Coronel José Dias, no estado do Piauí, na área do entorno do Parque Nacional da Serra da Capivara. Veja a localização do parque no mapa ao lado.

Assim como em outros povoados sertanejos, a população de Barreirinho convive com um período do ano, em geral entre os meses de outubro e fevereiro, em que chove muito pouco, o que torna o solo seco e a água, escassa. Assim, no período de seca, é difícil produzir nos campos de cultivo ou desenvolver a criação de animais.

Sertanejo: relativo ao Sertão nordestino, que abrange o interior dos estados de Alagoas, Bahia, Ceará, Maranhão, Paraíba, Pernambuco, Piauí, Rio Grande do Norte e Sergipe.

Piauí: Parque Nacional da Serra da Capivara

Fonte de pesquisa: *Meu 1º atlas*. Rio de Janeiro: IBGE, 2012. p. 110.

Em 1994, a arqueóloga Niède Guidon idealizou e criou, com a população local, uma pequena fábrica de cerâmica instalada em Barreirinho. A fábrica tornou-se uma alternativa importante de renda para muitas famílias do povoado. Além disso, o

◀ Paisagem na região do Parque Nacional da Serra da Capivara. Foto de 2019.

desenvolvimento de atividades ligadas ao parque ajuda a preservar suas riquezas porque reduz a pressão sobre os recursos naturais exercida por práticas como a caça, o desmatamento e a ocupação ilegal. Ao povoado de Barreirinho é dado o direito de participar das questões relativas ao parque.

Os artesãos da fábrica de cerâmica produzem peças que têm a argila, abundante recurso na região, como matéria-prima.

A fonte de inspiração dos artesãos de Barreirinho são as pinturas rupestres do Parque Nacional da Serra da Capivara. Feitas na rocha, as pinturas são vestígios dos povos que viveram lá há muitas centenas de anos. Elas retratam animais, pessoas e cenas de caça e de batalhas.

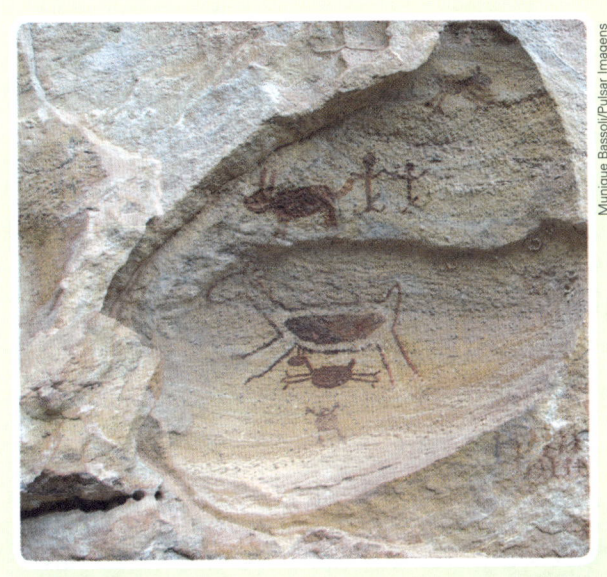

▲ Pintura antiga em rocha representando animais. Parque Nacional da Serra da Capivara. Foto de 2019.

▲ A mesma pintura foi reproduzida nessa peça de cerâmica feita na fábrica de Barreirinho. Foto de 2019.

1. Que material é utilizado na confecção dos objetos artesanais da fábrica da região da serra da Capivara? Quais são as características desse material?

2. O que mudou na vida das famílias de Barreirinho com a instalação da fábrica de cerâmica?

3. Converse com os colegas: de que maneira a instalação da fábrica de cerâmica ajuda na preservação do Parque Nacional da Serra da Capivara?

Aprender sempre

1 Observe os objetos abaixo. Complete as lacunas do texto e, em seguida, leia o texto em voz alta.

A _____ é feita de metal e pode ser reciclada.

A cadeira é feita de _____, enquanto o prato é feito de _____. Também é possível usar o _____ para fazer todos esses objetos. Esse material é leve e resistente.

2 Circule os objetos feitos de materiais naturais e marque com um **X** os objetos feitos de materiais artificiais. Escreva o nome do material de que é feito cada um dos objetos.

142 cento e quarenta e dois

3 Imagine um objeto que possa ser composto de dois materiais diferentes e complete a ficha a seguir.

Nome do objeto: _____

Nome dos materiais de que ele é feito: _____

_____

Associe os materiais da composição com a função do objeto:

_____

_____

Desenhe o objeto que você imaginou.

4 Vidro, papel, plástico e alumínio são alguns materiais que podem ser reciclados. Pesquise o que é reciclagem. Em seguida, responda se você acha importante reciclar o lixo e por quê.

Saber Ser

_____

_____

_____

O engenheiro suíço Georges de Mestral gostava muito de fazer passeios no campo com seu cachorro.

Durante esses passeios, as sementes de uma planta chamada bardana grudavam nas roupas de Georges e nos pelos do cachorro.

Um dia, enquanto desgrudava as sementes da roupa, Georges teve a ideia de criar um fecho aderente inspirado nas pontas dos fios das sementes de bardana.

O novo fecho aderente era formado por duas partes. Uma delas era parecida com um tecido, e a outra, com os fios da semente de bardana.

A foto, feita com um microscópio, mostra como as duas partes do fecho aderente se unem.

CAPÍTULO 12

Invenções

Existem vários objetos que foram inventados a partir da observação da natureza.

Você conhece o material representado na imagem ao lado? Esse material é um tipo de fecho formado por tiras que aderem uma à outra.

Para começo de conversa

1. Leia e veja a história ao lado. Como Georges de Mestral chegou à ideia do fecho?

2. Se você pudesse inventar alguma coisa para melhorar a vida do ser humano, o que seria?

3. Cite duas invenções que proporcionam conforto e bem-estar enquanto você está estudando em sua casa.

4. Georges de Mestral precisou convencer as pessoas a ajudá-lo a produzir o fecho aderente. Você e os colegas já precisaram dialogar e cooperar uns com os outros? Se sim, conte como foi essa experiência.

Esse tipo de fecho aderente facilita muito a vida das pessoas.

Os tênis com fecho aderente são mais fáceis de calçar. E as roupas com esse tipo de fecho no lugar dos botões ou dos zíperes ajudam as pessoas que têm alguma dificuldade de movimentar os dedos.

Saber Ser

cento e quarenta e cinco 145

De onde vêm as invenções?

Diariamente, pessoas do mundo todo usam objetos que foram inventados por alguém. Mesmo depois de prontos, os inventos continuam sendo melhorados e aperfeiçoados ao longo do tempo.

O lápis, a bicicleta, o telefone e o computador são exemplos de invenções.

1 Reúna-se com um colega. Leiam o texto abaixo.

> [...] [O picolé foi inventado] por Frank Epperson quando ele tinha apenas onze anos de idade. Nascido em 1894, Epperson foi criado em San Francisco [nos Estados Unidos]. Em uma noite de inverno em 1905, ele misturou um refrigerante feito com soda em pó e água – uma mistura popular na época. Ele deixou um [palito] nele e por engano o deixou na varanda durante a noite.
>
> Epperson encontrou a substância com sabor de fruta congelada ao palito quando acordou na manhã seguinte, pois as temperaturas caíram para níveis recordes durante a noite. [...]
>
> Instituto de Tecnologia de Massachusetts. *Frank Epperson*. Disponível em: http://lemelson.mit.edu/resources/frank-epperson. Texto traduzido do original. Acesso em: 14 jan. 2021.

a. Por que a mistura congelou durante a noite? Essa invenção poderia ter acontecido dessa mesma forma em um local quente? Expliquem.

b. Qual é a opinião de vocês sobre invenções como a mencionada no texto? Conversem com os colegas.

Para explorar

Um cientista, uma história: Alberto Santos Dumont.
Disponível em: https://www.youtube.com/watch?v=dMRHfuqKDd0. Acesso em: 14 jan. 2021.
O vídeo mostra a história do brasileiro Alberto Santos Dumont e suas invenções, dentre elas a mais conhecida: o 14-Bis.

As invenções que usamos no dia a dia

As invenções podem ajudar a resolver problemas do dia a dia ou facilitar a realização de algumas tarefas. Veja a seguir alguns exemplos de invenções e suas aplicações.

As invenções e a alimentação

Em uma cozinha, é possível encontrar muitas invenções. Garfos, colheres, copos e tigelas são exemplos delas.

Há também inventos mais complexos, como o fogão a gás, que permite que os alimentos sejam cozidos com mais facilidade do que nos fogões a lenha.

▲ Diferentemente do fogão a gás, encontrado dentro das cozinhas, o fogão a lenha precisa ser instalado em uma área aberta da casa, por causa da liberação da fumaça na queima da madeira.

Já a geladeira é uma invenção que permite conservar os alimentos estocados por mais tempo. Isso é importante principalmente na conservação de alimentos frescos ou que têm pouca adição de conservantes em sua composição.

Antes da invenção da geladeira, um método de conservação comum era o uso do sal e da gordura animal.

▶ A geladeira ajuda a manter os alimentos frescos.

As invenções e a comunicação

A **escrita** foi uma importante invenção humana. Ela permite uma comunicação eficiente entre as pessoas e também o registro de informações, que podem ser acessadas ao longo de muitas gerações.

Entre os tipos de **meios de comunicação**, temos, por exemplo, os livros, os jornais, as revistas, o rádio e a televisão.

▲ É possível conversar a distância por telefone.

Atualmente, dispomos de muitas invenções que nos ajudam ainda mais na comunicação. Os computadores e os *smartphones* são meios usados tanto para armazenar e acessar uma quantidade enorme de informações quanto para nos comunicarmos com outras pessoas. Com esses aparelhos, podemos dispor de vídeos, textos escritos, animações, fotos, etc.

▲ Um computador conectado à internet permite, por exemplo, fazer chamadas de vídeo com as pessoas.

1 Ainda hoje existem alimentos que são conservados usando técnicas como a adição de sal. Você conhece algum desses alimentos? Converse com os colegas.

2 Antes da invenção da internet e dos celulares, as pessoas se comunicavam trocando cartas. Entreviste um idoso ou um adulto de seu convívio que tenha utilizado essa forma de comunicação. Procure saber como era a comunicação na época em que ele tinha sua idade e qual era o tempo envolvido no processo. Depois, compartilhe as informações com os colegas.

Para explorar

As invenções dos brasileiros.
Disponível em: https://plenarinho.leg.br/index.php/2017/01/25/as-invencoes-dos-brasileiros/. Acesso em: 15 jan. 2021.

Acesse o *link* para conhecer algumas das importantes invenções históricas que foram feitas por cidadãos brasileiros.

As invenções e os meios de transporte

Entre os **meios de transporte** há também muitas invenções. Os meios de transporte permitem levar pessoas e objetos de um lugar para outro. Antes da invenção dos motores, o transporte era realizado principalmente por animais, com ou sem carroças, ou por barcos movidos pelo vento. Depois surgiram os meios de transporte movidos a motor, como os carros e os ônibus.

Os meios de transporte podem ser **terrestres**, como os carros, **aéreos**, como os aviões, ou **aquáticos**, como os navios.

▲ Navios são exemplos de meio de transporte aquático. Já o caminhão é um meio de transporte terrestre. Porto localizado no município do Rio de Janeiro. Foto de 2019.

▲ Aviões são meios de transporte aéreo que têm o fluxo organizado em aeroportos, como o de Recife, Pernambuco. Foto de 2019.

Apesar de serem rápidos e seguros, meios de transporte como carros, ônibus, caminhões e motocicletas poluem o ar ao queimar combustíveis. Além da poluição do ar, eles são responsáveis pela poluição sonora das cidades.

A poluição sonora causa prejuízos à saúde humana. O excesso de ruídos provocado pelo barulho constante pode danificar a audição, afetar a qualidade do sono e provocar doenças. Certos ruídos também podem afetar animais, como os que precisam evitar predadores, e a reprodução de aves, por exemplo.

◀ O trânsito de veículos atinge a cidade como um todo. O uso dos transportes públicos auxilia na diminuição da poluição sonora e também da poluição do ar. Município de São Paulo. Foto de 2018.

As invenções e a energia elétrica

Na natureza, **fenômenos elétricos** podem ser observados nos raios que vemos durante tempestades, por exemplo.

Atualmente, muitas invenções usam a energia elétrica como fonte de energia.

No Brasil, a maior parte da energia elétrica é obtida em usinas hidrelétricas. A energia elétrica produzida nessas usinas chega às casas, às fábricas e às escolas, por exemplo, por meio de uma rede de transmissão.

Os **aparelhos elétricos** conectados a tomadas, como televisores e geladeiras, são invenções que funcionam com energia elétrica.

Apesar de trazer benefícios, a energia elétrica utilizada na iluminação pode causar poluição luminosa nas grandes cidades. Animais com hábitos noturnos podem se sentir desorientados com o excesso de luminosidade à noite, o que pode prejudicar o modo de vida deles. As pessoas, por sua vez, podem sofrer com sintomas como dor de cabeça, sonolência e cansaço visual. Além disso, a poluição luminosa dificulta a observação dos corpos celestes no céu noturno.

▲ Cidade de Belo Horizonte, Minas Gerais, iluminada por energia elétrica e sendo atingida por raio em 2020.

▲ A usina hidrelétrica de Itaipu foi construída no rio Paraná, no município de Foz do Iguaçu, Paraná. Foto de 2021.

3 No caderno, faça uma lista de pelo menos quatro aparelhos elétricos conectados a tomadas que você usa no cotidiano. Como seria o seu dia se nenhum desses aparelhos funcionasse por falta de energia? Converse com os colegas e o professor.

Para explorar

30 conceitos essenciais para crianças: invenções, de Mike Goldsmith. Editora Publifolha.
Esse livro apresenta trinta invenções que mudaram o cotidiano das pessoas e vão incentivar seu gosto pela ciência.

Modos de produção

De acordo com o modo como é fabricado, um produto inventado pode ser **artesanal** ou **industrializado**.

A produção artesanal

A produção artesanal é aquela que é feita, em geral, em estabelecimentos relativamente pequenos. É uma produção que resulta em poucas peças em determinado intervalo de tempo quando comparada à produção industrial.

A fabricação de cada produto artesanal envolve poucas pessoas, muitas vezes até um único artesão. Usando apenas as próprias mãos ou ferramentas relativamente simples, o artesão geralmente sabe fazer o objeto do começo ao fim.

▲ Artesão produzindo tecido com fios trançados em equipamento manual. Carmo do Rio Claro, Mato Grosso. Foto de 2020.

A produção industrial

A produção industrial acontece, em geral, em espaços amplos, onde muitas pessoas trabalham usando máquinas complexas: são as **fábricas** ou **indústrias**. É um tipo de produção em que muitas peças são fabricadas em um pequeno intervalo de tempo.

Na produção industrial, cada pessoa é responsável por uma etapa sequencial da fabricação do objeto. Esse sistema é conhecido como **produção em série**. Por exemplo, em uma indústria de automóveis, existem funcionários responsáveis apenas pela pintura dos carros nas etapas finais de produção. A produção em série resulta em peças muito parecidas entre si.

▲ Trabalhadora operando teares em uma fábrica de tecidos em Amparo, São Paulo, em 2015. Nessa foto, é possível ver a máscara de proteção da trabalhadora.

Além do trabalho humano, as fábricas contam com o trabalho de máquinas variadas. Grande parte dessas máquinas é manipulada por pessoas, que, para evitar acidentes, devem usar equipamentos de proteção.

Vamos ler imagens!

Fotografias aéreas

As **fotografias aéreas** mostram um local visto do alto. Em geral, elas são feitas com câmeras especiais posicionadas em aviões, balões e *drones*, por exemplo. Veja um exemplo de foto aérea obtida a partir de um *drone* mostrada a seguir.

▲ Vista aérea de parte da cidade de São Carlos, São Paulo, em 2020.

Observe que a foto aérea disponibiliza um recorte do ambiente visto exatamente de cima para baixo. Assim, é possível ver principalmente a parte de cima dos elementos da foto, como a copa das árvores, o telhado das casas e o topo dos veículos.

Além disso, como é uma imagem feita do alto, distante do chão, os componentes da foto (as casas, as árvores, os veículos, entre outros) parecem ter tamanho menor do que se fossem vistos do nível do chão. Vê-se também a distribuição das ruas, semelhante à representação de um mapa. Algumas informações sobre a imagem também podem estar detalhadas na legenda.

Agora é a sua vez

1 Observe a foto abaixo, leia a legenda e responda às questões a seguir no caderno.

▲ Foto aérea obtida de uma câmera posicionada em um *drone* mostrando plantação de soja ao lado da rodovia dos Cereais ou BR-369, em Uraí, Paraná. Foto de 2018.

a. Que elementos você identifica na foto?

b. Que partes dos elementos você consegue ver? Cite exemplos.

c. Que local está representado nessa imagem? Justifique explicando como chegou a essa resposta.

d. Que informações você obteve por meio da legenda da imagem?

2 Converse com os colegas sobre estas questões: Que vantagens vocês acham que esse tipo de imagem tem em relação a uma foto feita no chão? E que desvantagens ela apresenta? Respondam usando as fotos desta seção como exemplos.

Aprender sempre

1 Leia em voz alta o texto a seguir e responda ao que se pede.

> [...] Algumas latas de refrigerante são feitas de um metal chamado alumínio. Ele é muito importante para nós.
>
> Precisamos do alumínio para fazer aviões, automóveis, bicicletas e muitos artigos domésticos, não apenas para as latas de refrigerante.
>
> The Earth Works Group. *50 coisas simples que as crianças podem fazer para salvar a Terra*. 16. ed. Rio de Janeiro: José Olympio, 2010. p. 26 e 27.

a. De qual tipo é o processo de fabricação da lata de refrigerante?

___

b. Que outros produtos são citados no texto? Qual é o tipo de processo de fabricação desses produtos?

___

___

2 As fotos abaixo mostram como um objeto era antigamente e como ele é agora.

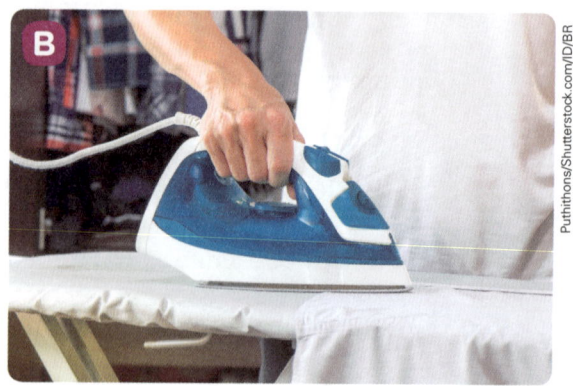

a. Qual é o nome desse objeto?

___

b. Qual das fotos mostra o objeto que utiliza energia elétrica para funcionar?

___

154 cento e cinquenta e quatro

3 Observe a imagem ao lado e responda:

a. Que invenção presente nessa ilustração produz som?

_____

_____

b. E quais invenções produzem luz?

_____

_____

c. Quais hábitos são necessários para a manutenção da saúde auditiva e visual no uso das invenções citadas nos itens **a** e **b**?

_____

_____

_____

4 Assinale com um **X** as fotografias que mostram invenções dos seres humanos.

Representação sem proporção de tamanho entre os elementos.

cento e cinquenta e cinco **155**

Até breve!

A cada ano escolar, você e os colegas vivenciam novos desafios e adquirem diversos conhecimentos. Você já parou para pensar nisso? As atividades a seguir vão ajudar você a avaliar o que aprendeu ao longo deste ano.

1 Complete as lacunas das frases a seguir.

a. As constelações são regiões do céu _____ formadas por astros celestes, como as _____.

b. Os planetas visíveis a olho nu são _____, _____, _____, _____ e _____.

c. As camadas da Terra são: _____, _____ e _____.

2 Descreva as características de um solo considerado sadio. Por que a saúde dos seres humanos está ligada à saúde do solo?

_____

_____

3 Todas as afirmações a seguir contêm informações falsas. Sublinhe-as e reescreva-as, fazendo as correções necessárias.

a. Os peixes vivem em ambientes aquáticos e têm respiração pulmonar.

_____

b. As aves têm o corpo revestido de pelos e nascem de ovos gelatinosos.

_____

c. Como todo réptil, além da respiração pulmonar, o sapo adulto apresenta respiração cutânea.

_____

4 Observe os animais abaixo e faça o que se pede.

Representação sem proporção de tamanho entre os elementos.

Cores-fantasia

a. Circule de **verde** os animais que passam por metamorfose.

b. Circule de **vermelho** o animal que mama na mãe quando é filhote.

c. Circule de **azul** os animais que nascem de ovo.

5 Com relação à passagem de luz através dos materiais, responda:

a. Por que conseguimos enxergar o que está por trás de materiais transparentes, mas não de materiais opacos? Cite um exemplo de cada um desses tipos de material.

b. Por que conseguimos ver imagens refletidas no espelho?

6 Imagine que você foi convidado para participar de uma banda usando instrumentos feitos com objetos do nosso dia a dia.

a. Que objeto você escolheria para tocar nessa banda? Por quê?

b. Ouvir música sempre é agradável, mas devemos ter cuidado com nossa saúde auditiva. Cite dois hábitos saudáveis para mantê-la.

Sugestões de leitura

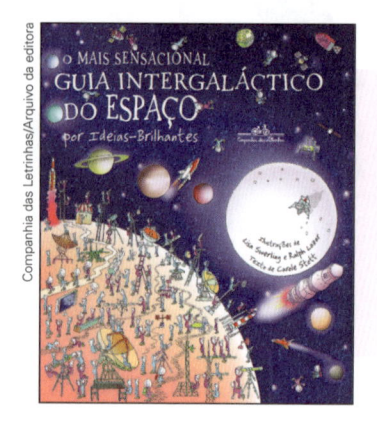

***O mais sensacional guia intergaláctico do espaço**: por Ideias-Brilhantes*, de Carole Stott. **Companhia das Letrinhas.**
Esse livro apresenta os Ideias-Brilhantes, pessoas minúsculas que surgem nas páginas contando curiosidades sobre o Sistema Solar e o Universo.

***A rainha das rãs não pode molhar os pés**,* de Davide Cali. **Editora Pulo do Gato.**
O livro conta um episódio que mudou a vida das rãs quando uma delas se torna rainha. E o que faz a rainha das rãs, além de não molhar os pés?

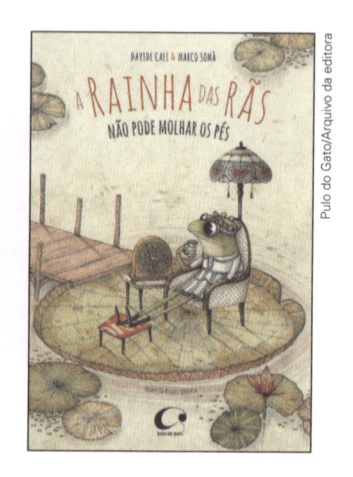

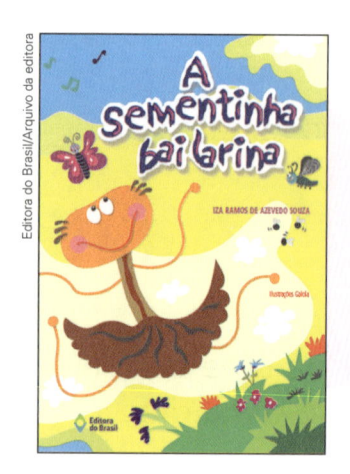

***A sementinha bailarina**,* de Iza Ramos de Azevedo Souza. **Editora do Brasil.**
O livro conta a história de uma semente que precisava do vento para chegar até o chão para germinar. No entanto, um imprevisto coloca essa semente e suas amigas em risco.

***A floresta**,* de Irena Freitas. **Companhia das Letrinhas.**
Nesse livro, a autora se inspirou na cidade de Manaus e nos incêndios da floresta Amazônica em 2019, para contar a história de uma menina e seus amigos que querem acabar com a destruição da floresta e levar os pequenos leitores a refletir sobre o que podem fazer para cuidar da natureza.

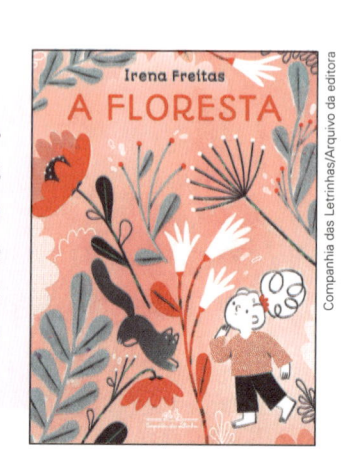

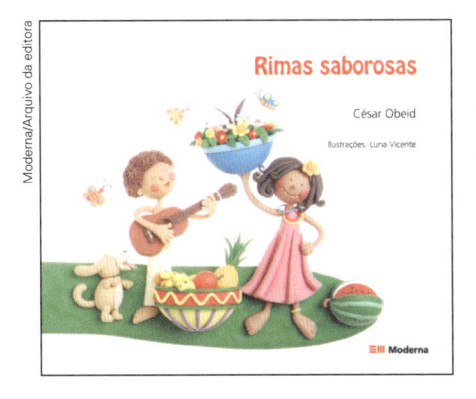

Rimas saborosas, **de César Obeid. Editora Moderna.**
Em rimas de cordel, esse livro mostra às crianças a importância de ingerir alimentos saudáveis. Além de curiosidades sobre os vegetais, o livro traz receitas fáceis de executar.

Quem sou eu?, **de Philip Bunting. Brinque-Book.**
Em busca da resposta à pergunta presente no título, o autor propõe a reflexão sobre quem somos, como somos e o que nos torna iguais e diferentes ao mesmo tempo.

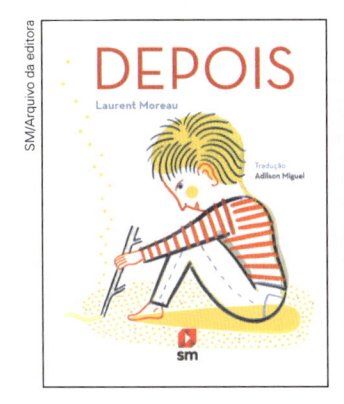

Depois, **de Laurent Moreau. Edições SM.**
Nesse livro, um garoto reflete sobre a passagem do tempo, os ciclos da natureza e as consequências das ações. A obra é uma visão poética sobre os sentimentos vividos na infância.

Máquinas do tempo, **de Romont Willy. Editora Callis.**
Nesse livro, um menino e seu avô conversam sobre as diferenças entre as invenções de hoje e as de sessenta anos atrás, mostrando que o moderno e o antigo são complementares.

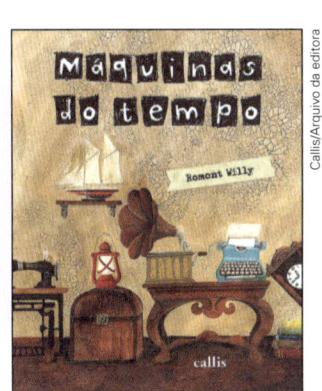

Bibliografia comentada

BARNES, R. D.; RUPPERT, E. E.; FOX, R. S. *Zoologia dos invertebrados*. 7. ed. São Paulo: Roca, 2005.

A obra é uma referência para o estudo da zoologia dos invertebrados, apresentando todos os grupos de invertebrados por meio de uma abordagem evolutiva.

BRASIL. Ministério da Educação. Conselho Nacional de Educação. *Diretrizes curriculares nacionais para o Ensino Fundamental de 9 (nove) anos*. Parecer CNE/CEB n. 11/2010. Brasília: CNE/CEB/MEC, 2010.

Documento de caráter normativo que determina as diretrizes para orientar a organização, a articulação, o desenvolvimento e a avaliação das propostas pedagógicas para o Ensino Fundamental.

BRASIL. Ministério da Educação. Secretaria de Educação Básica. *Base nacional comum curricular*: educação é a base. Brasília: MEC/SEB, 2018. Disponível em: http://basenacionalcomum.mec.gov.br/. Acesso em: 28 abr. 2021.

A BNCC é um documento de caráter normativo que define o conjunto progressivo de aprendizagens essenciais a serem desenvolvidas pelos alunos ao longo da Educação Básica, incluindo o Ensino Fundamental.

CAMPOS, M. C. C.; NIGRO, R. G. *Teoria e prática em Ciências na escola*: o ensino-aprendizagem como investigação. São Paulo: FTD, 2009.

O livro apresenta estratégias para o ensino de Ciências por meio da investigação.

CARVALHO, A. M. P. *Ciências no Ensino Fundamental*: o conhecimento físico. São Paulo: Scipione, 2009.

Por meio de teoria e de atividades práticas, o livro discute estratégias para o ensino de Física para os primeiros anos do Ensino Fundamental.

DELIZOICOV, D.; ANGOTTI, J. A.; PERNAMBUCO, M. M. *Ensino de Ciências*: fundamentos e métodos. 3. ed. São Paulo: Cortez, 2009.

A obra aborda o ensino de Ciências com base na articulação entre a conceituação científica e o uso e a interpretação de situações que sejam significativas para os alunos.

FARIA, R. P. *Fundamentos da astronomia*. 10. ed. Campinas: Papirus, 2009.

O livro aborda os princípios e a história do estudo do Universo.

GASPAR, A. *Experiências de Ciências para o Ensino Fundamental*. São Paulo: Ática, 2005.

Nesse livro, o autor apresenta diversas atividades práticas para o ensino de Ciências.

GROTZINGER, J.; JORDAN, T. *Para entender a Terra*. 6. ed. São Paulo: Bookman, 2013.

Essa é uma obra de referência para a introdução ao estudo da geologia.

JOLY, A. B. *Botânica*: introdução à taxonomia vegetal. São Paulo: Companhia Editora Nacional, 1993.

Essa é uma obra de referência para o estudo da taxonomia vegetal.

NEVES, D. P. *et al. Parasitologia humana*. 13. ed. Rio de Janeiro: Atheneu, 2016.

O livro traz uma detalhada revisão da parasitologia, incluindo os avanços nessa área.

RAVEN, P. H.; EVERT, R. F.; EICHHORN, S. E. *Biologia vegetal*. 8. ed. Rio de Janeiro: Guanabara Koogan, 2014.

A obra apresenta os principais avanços realizados na área da biologia vegetal.

SCHMIDT-NIELSEN, K. *Fisiologia animal*: adaptação e meio ambiente. 5. ed. São Paulo: Santos Editora, 2002.

Nesse livro, são abordados os sistemas fisiológicos dos vertebrados e suas adaptações ao ambiente.

SOBOTTA, J. *Atlas de anatomia humana*. 24. ed. Rio de Janeiro: Guanabara Koogan, 2018.

Nessa obra sobre a anatomia humana, destacam-se as imagens e as informações que enriquecem o estudo.

SOCIEDADE BRASILEIRA DE ANATOMIA. *Terminologia anatômica*. Barueri: Manole, 2001.

A obra traz a terminologia internacionalmente aceita para a anatomia humana macroscópica e topográfica.

TEIXEIRA, W. *et al.* (org.). *Decifrando a Terra*. 2. ed. São Paulo: Companhia Editora Nacional, 2008.

O livro aborda, de maneira moderna e didática, os principais conceitos da geologia.

TORTORA, G. J.; DERRICKSON, B. *Corpo humano*: fundamentos de anatomia e fisiologia. 10. ed. Porto Alegre: Artmed, 2016.

A obra reúne uma gama de conhecimentos das áreas de anatomia e fisiologia, com ênfase na homeostasia.

VANCLEAVE, J. P. *Astronomy for every kid*. New York: John Wiley & Sons, 1991.

O livro, em inglês, apresenta diversas atividades práticas para o ensino de astronomia.

ZABALA, A. *A prática educativa*. Porto Alegre: Artmed, 1998.

Nessa obra, o autor apresenta propostas para melhorar a prática educativa.

Destacar e jogar

Página 49 • **atividade 4: Jogo dos vertebrados**

MAMÍFERO	MAMÍFERO	MAMÍFERO	MAMÍFERO
JAGUATIRICA	JAGUATIRICA	BALEIA-JUBARTE	BALEIA-JUBARTE
MAMÍFERO	MAMÍFERO	MAMÍFERO	MAMÍFERO
SER HUMANO	SER HUMANO	TAMANDUÁ-BANDEIRA	TAMANDUÁ-BANDEIRA
AVE	AVE	AVE	AVE
BEM-TE-VI	BEM-TE-VI	HARPIA	HARPIA
AVE	AVE	AVE	AVE
EMA	EMA	CORUJA-BURAQUEIRA	CORUJA-BURAQUEIRA

cento e sessenta e um 161

Destacar e jogar

Página 49 • atividade 4: Jogo dos vertebrados

RÉPTIL	RÉPTIL	RÉPTIL	RÉPTIL
JACARÉ-DO-PANTANAL	JACARÉ-DO-PANTANAL	JARARACA	JARARACA
RÉPTIL	**RÉPTIL**	**RÉPTIL**	**RÉPTIL**
JABUTI	JABUTI	LAGARTO TEIÚ	LAGARTO TEIÚ
ANFÍBIO	**ANFÍBIO**	**ANFÍBIO**	**ANFÍBIO**
COBRA-CEGA	COBRA-CEGA	RÃ-TOURO	RÃ-TOURO
ANFÍBIO	**ANFÍBIO**	**ANFÍBIO**	**ANFÍBIO**
SAPO-CURURU	SAPO-CURURU	PERERECA-VERDE	PERERECA-VERDE

JOGO DOS VERTEBRADOS

Destacar e jogar

Página 49 • **atividade 4: Jogo dos vertebrados**

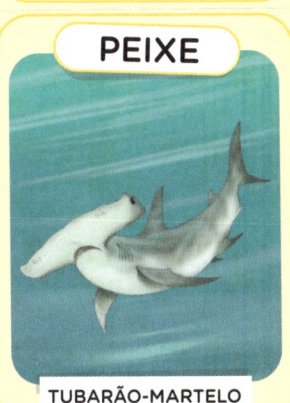

PEIXE	PEIXE	PEIXE	PEIXE
DOURADO	DOURADO	TUCUNARÉ	TUCUNARÉ
PEIXE	PEIXE	PEIXE	PEIXE
TUBARÃO-MARTELO	TUBARÃO-MARTELO	PINTADO	PINTADO

PASSE A VEZ
O **próximo** jogador não deve jogar por uma rodada.

COMPRE UMA FICHA
O **próximo** jogador deve pegar uma ficha do monte de compras e passar a vez.

COMPRE DUAS FICHAS
O jogador **anterior** deve pegar duas fichas do monte de compras e passar a vez.

COMPRE TRÊS FICHAS
Você escolhe se o próximo jogador ou o anterior deve pegar três fichas do monte de compras e passar a vez.

INVERTER

INVERTER

CURINGA

CURINGA

Destacar e colar

Página 72 • **atividade 1**

Ilustrações: Cecilia Iwashita/ID/BR

cento e sessenta e sete **167**